UK4U

英国
我来啦

UK4U

英国
我来啦

汪好

由Lexus Ltd公司出版2011
60 Brook Street, Glasgow G40 2AB
苏格兰
www.lexusforlanguages.co.uk

插图
Elfreda Crehan

设计与排版
Elfreda Crehan

主编
Peter Terrell

致谢
韩丽枫 * 朱卫清
Tom Mitford * Sophie Cadell

版权所有。本出版物的任何部分以任何形式再出版或引用须经Lexus Ltd公司同意。供评论的小部分文字除外。

British Library Cataloguing in Publication Data
A catalogue record for this book is available from the British Library.

出版人在本出版物付印之时已尽力确保其事实和数据的准确性。但情况在变化，如果你愿意帮助我们更新本书内容，我们将很高兴你与我们联系。

© Lexus Ltd 2011

ISBN 978-1-904737-19-3

InPrint plc拉脱维亚印制装订

伦敦镜像
Joingate/Shutterstock.com

序言

本书共19个章节，为读者全方位多角度介绍英国生活、学习与工作的方方面面，特别面向初来英国并将较长时期留英的学生或工作人士。内容涉及警局注册、住宿交通、餐饮娱乐、购物休闲、就医就业、英式教育、通讯理财等诸多实际问题。

文化，是本书一大特色。第10章与第18章突出介绍英国人情特点、社会风气、节日礼仪等，相信读者能很快融入异国环境与文化。

而实用性、实际性是本书最大特色。虽然本书主要使用中文与读者交流，但每章节都包含大量与章节内容相关的英语词汇和短语。它们都是英国日常工作和生活经常使用的英语，是非常地道的英语，都来源于真实生活与实际交流。部分章节还配有对话，都是实际情景的真实再现。读者一定会发现所有词汇、短语、对话都能在日常交流中派上用场。特别是第15章与第16章，针对中国人在英国实际交流中易出现问题的地方给出了一些提示。

因此我们深信，本书不仅是你的英伦生活指南，更是助你提高英语实际交流能力的好帮手。

目录

第1章 什么是英国？英国在哪里？ 13

第2章 抵达英国 20
  2.1 抵达英国机场 20
  2.2 入境检查 21
    2.2.1 护照检查站 21
    2.2.2 行李提取 23
    2.2.3 英国海关 24
  2.3 警察局注册 25

第3章 在英国居住 27
  3.1 寻找房源 28
  3.2 看房 34
  3.3 签定租赁协议书 37
  3.4 市政税和水、电、煤气费 40
    3.4.1 市政税 40
    3.4.2 水费 40
    3.4.3 煤气费和电费 42

第4章 吃在英国 43
  4.1 完全英式早餐 Full English breakfast 44
  4.2 英式下午茶 Afternoon tea 46
  4.3 传统英国正餐 48
  4.4 奶酪 50
  4.5 炸鱼薯条 Fish and chips 51

- 4.6 其他选择 ... 53
  - 4.6.1 快餐食物 ... 53
  - 4.6.2 外国餐馆 ... 54
  - 4.6.3 中餐 ... 55
- 4.7 小费 ... 57

第5章 出行 ... 72

- 5.1 公共汽车与自行车 ... 73
- 5.2 地铁 ... 75
- 5.3 出租车 ... 76
- 5.4 汽车租赁 ... 76
- 5.5 长途汽车 ... 77
- 5.6 火车 ... 77
  - 5.6.1 英国铁路交通状况 ... 77
  - 5.6.2 如何购买火车票 ... 79
- 5.7 牡蛎卡 Oyster Cards ... 81
  - 5.7.1 牡蛎卡能为您做什么 ... 82
  - 5.7.2 牡蛎卡如何支付车费 ... 82
  - 5.7.3 如何使用牡蛎卡 ... 84
  - 5.7.4 如何办理牡蛎卡 ... 84
  - 5.7.5 牡蛎卡种类 ... 85
  - 5.7.6 如何给牡蛎卡充值 ... 85

第6章 熟悉你自己的城市 ... 86

- 6.1 购物 ... 86
- 6.2 健身中心 ... 90
- 6.3 图书馆 ... 91
- 6.4 博物馆和美术馆 ... 92

第7章 理财 ... 94
7.1 开设银行账户 ... 94
7.2 支票本 ... 96
7.3 银行清单 ... 97
7.4 直接借记和定期付款委托 ... 98
7.5 网上付费 ... 99
7.6 信用卡 ... 100

第8章 健康 ... 102
8.1 注册 ... 103
8.2 如何就医 ... 104
8.3 中医 ... 106
8.4 口腔保健 ... 106
8.5 配眼镜 ... 108

第9章 通讯 ... 109
9.1 手机 ... 109
9.1.1 随用随付 ... 109
9.1.2 月付手机合同 ... 110
9.1.3 随用随付与月付相比 ... 111
9.1.4 随用随付手机充值方式 ... 111
9.2 互联网 ... 113
9.2.1 无线上网 ... 113
9.2.2 移动宽带 ... 116

第10章 想像中的英国和真实的英国 ... 117
10.1 绅士（淑女）与矜持 ... 117
10.2 乐于助人 ... 123
10.3 英式幽默 ... 124

- **10.4 名人文化** ... 125
- **10.5 醉酒** ... 125
- **10.6 与狗一起坐巴士** ... 127

第11章 英国酒馆 ... 128
- **11.1 酒馆的历史和社会地位** ... 128
- **11.2 酒馆名** ... 129
  - **11.2.1 红狮** ... 130
  - **11.2.2 皇家橡树** ... 130
  - **11.2.3 白鹿** ... 130
  - **11.2.4 玫瑰皇冠** ... 131
  - **11.2.5 格兰拜侯爵** ... 131
- **11.3 啤酒种类** ... 132
- **11.4 酒馆食物 Pub grub** ... 136
- **11.5 酒馆礼节和规矩** ... 138
- **11.6 你还需了解** ... 140

第12章 在英国做学生 ... 143
- **12.1 克服语言关** ... 143
- **12.2 英式教育** ... 145
- **12.3 如何适应英式教育** ... 148
- **12.4 剽窃** ... 151
- **12.5 如何处理其他问题** ... 154
- **12.6 认识新人结交朋友** ... 155

第13章 在英国工作 ... 157

第14章 法律事务 ... 162
- **14.1 公民顾问办事处** ... 162
- **14.2 法律援助** ... 163

第15章 英语口语 164
第16章 "Yes"与"No" 172
第17章 双关语 174
第18章 银行假日及其他庆祝日 177
第19章 要做和不要做 186

第1章 什么是英国？英国在哪里？

你现在要去英国了，但是请稍等想一下，英国究竟在哪里？你确定你真的知道吗？

这就是你要去的地方吗？

大不列颠
Great Britain

什么是英国？

好吧，不错，但这只是"大不列颠"，还不是英国。如果要找英国，你看看这个才是。

英国（即大不列颠及北爱尔兰联合王国）
UK (United Kingdom of Great Britain and Northern Ireland)

这才是英国。或者给它一个更气派的、完整的官方称呼，"大不列颠及北爱尔兰联合王国"。

不过显然这并不是像你在地图上所看见的。要看到所有不列颠岛屿，我们还需要把剩下爱尔兰那部分包含进去（即爱尔兰共和国），就像这样：

英国在哪里？

这些就是被认为是不列颠岛屿的地方。

什么是英国？

再复杂点儿,你可能还会听到"Britain"这个词。那么"Britain"又是指哪里呢?"不列颠"可以有两种含义:第一是指英国,即大不列颠及北爱尔兰联合王国;第二仅仅指大不列颠。

是不是被搅糊涂了?不用太担心。你会发现相当多的英国人自己都搞不清楚这些名词的区别。

但重要的是,应该说非常重要的是,你在这里迟早就会发现,不能把英国和英格兰混为一谈。

英格兰
England

英格兰只是英国的一部分。

事实上,(大不列颠及北爱尔兰)联合王国是由不同的国家组成的。

英国在哪里?

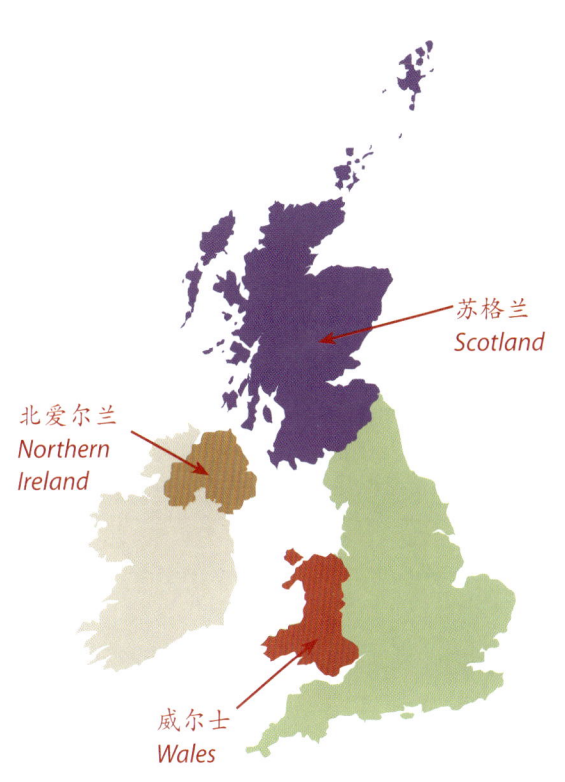

它们都是拥有自身边境的不同的国家。但是从英格兰去苏格兰,或者从英格兰去威尔士,穿越边境时你都不需要护照(去北爱尔兰,你需要出示护照)。甚至你都根本不用在边境线上停下来。所有

什么是英国？

的汽车和火车都是直接穿越边境线的。如果不看路标，你甚至不会知道你已经到另外一个国家了。你也不需要兑换外币（即使苏格兰在使用英格兰纸币的同时，也发行自己的纸币）。显然你也不可能在伦敦找到一个苏格兰大使馆或者在爱丁堡找到英格兰大使馆。

但需要提醒你的是，对当地人来讲，这些国与国之间的区别还是非常重要的。

如果你在阿伯丁跟一位苏格兰人说

✗ I've been here in **England** for six months

"我已经在英格兰这里待过6个月"

或者在卡迪夫跟一位威尔士人说

✗ I love your **English** countryside

"我喜欢你们英格兰的乡村"

或者在贝尔法斯特对一位北爱尔兰人说

✗ I like your **English** folksongs

"我喜欢你的英格兰民歌"

那么你就犯了"很很很"大的错误。我们必须提醒你。

那我该怎么说？

如果你在苏格兰

不要说

I like your English beer
我喜欢你们的英格兰啤酒

而要说

 I like your Scottish beer
我喜欢你们的苏格兰啤酒

如果你在威尔士

不要说

The reason I came to Cardiff to an English university ...
我来卡迪夫念英格兰的大学原因是

而要说

 The reason I came to Cardiff to a Welsh university ...
我来卡迪夫念威尔士的大学原因是

如果你在北爱尔兰

不要说

This English scenery.
这样的英格兰风景

而要说

 This Northern Irish scenery.
这样的北爱风景

当然，如果你要谈论英语这门语言，那么无论在哪里你都可以称英语为"English"。

例如

 I am doing extra English classes at Edinburgh University
我正在爱丁堡大学学习额外的英语课程

第2章 抵达英国

经过十个小时左右的长途飞行，怀着些许憧憬，你终于踏上了这片向往已久的大英土地。随着飞机着陆，全新的生活即将展开。伦敦、温莎、牛津、剑桥、爱丁堡、尼斯湖，这些以前只能在电视上一饱眼福的旅游胜地，都将成为你现实生活的一部分。在激动与兴奋的同时，你也必须作好适应新语言与文化环境的思想准备。一切从机场入境开始。

2.1 抵达英国机场

飞机快要抵达目的地时，机组工作人员会给非欧盟国家乘客发放一张入境卡（the landing card），为边防检查（Immigration）所使用。

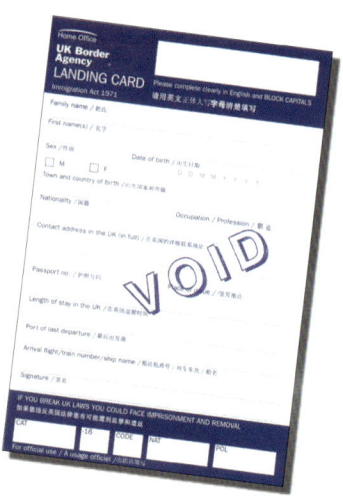

抵达英国

> 你需要在入境卡上填写以下个人信息:
>
> 姓名（family and given names）
>
> 出生日期（birth details）
>
> 性别（gender）
>
> 国籍（nationality）
>
> 职业（occupation）
>
> 在英国的详细地址（full contact address in the UK）：如果还没有确定住所，就填写就读学校或工作单位地址（if you do not have an address, use your school or employer's address）
>
> 签名（signature）

建议你在下飞机前就把入境卡填写好，这样既节约时间，也可以避免临检查才填写而慌张出错。填好后一定和护照及相关入境文件（比如大学录取通知书）放在一起，方便入境检查，以免遗失。

2.2 入境检查

2.2.1 护照检查站

离开飞机后，请沿"Arrivals（到达）"指示牌而行。搭乘国际航班抵达英国机场的乘客都必须通过入境护照检查站（Passport Control）。根据护照种类，护照检查站有两个窗口：一是欧盟（European Union，即EU）国籍，欧洲经济区（European Economic Area，即EEA）国家国籍，英国国籍和瑞士国籍，另一个是其他国家国籍（All other nationalities）。中国乘客则在其他国家国籍窗口前排队。

抵达英国

> **关键词**
>
> M (male)　男性
> F (female)　女性
> DD MM YYYY (day/month/year)　日/月/年

边境局官员会扫描你的护照和签证，检查入境卡及其他入境支持材料。如果没有任何问题，官员会在你的签证上盖章，批准你进入英国，同时要求你在抵达7天内到当地警察局注册（你所持签证上也有此要求，详细情况将在2.3说明），印章上会标明你的入境日期。需要注意的是，在检查过程中，你会被问到一些关于来英国的目的，停留时间和住宿地点等问题。可以参考以下对话：

问：Can I see your passport, please?
　　我能看一下您的护照吗？

答：Yep.
　　当然。

问：What's the purpose of your visit?
　　你来英国的目的是什么？

答：I've come here to study.
　　我是来学习的。

问：Where are you going to study? Which university?
　　你在哪里上学？在哪所大学？

答：The University of Manchester.
　　曼彻斯特大学。

> 问: How long will you be staying in the UK?
> 你会在英国待多久?
>
> 答: I plan to stay for about 1 year.
> 我计划停留1年左右。
>
> 问: And where are you going to live?
> 将在哪儿住?
>
> 答: In university accommodation.
> 住学校宿舍。
>
> 答: I'm staying with a friend at this address.
> 我和朋友住在这里。
>
> 答: This is my temporary address.
> 这是我的临时住所。

抵达英国

2.2.2 行李提取

护照检查之后,即前往行李领取区(Baggage Reclaim)提取行李。请在信息显示屏上查找你的航班和相应的行李传送带号码(Carousel Number)。如果行李较多,你还可以使用免费的行李手推车(baggage trolleys)。

Vacclav/Shutterstock.com

抵达英国

指示标志

arrivals	到达
baggage collection	行李提取
baggage reclaim	行李提取
boarding now	现在开始登机
cancelled	取消
check-in	登机手续办理处
currency exchange	外汇兑换点
customs	海关
delayed	延误
departures	出发
domestic	国内
due	到达
EU passport holders only	仅欧盟护照持有者
expected	预计
flight	航班
flight 123: closing	航班123已停止办理登机手续（不要与取消"cancel"混淆）
flight connections	转机
gate	登机口
immigration	移民检查，或边防检查
international	国际
non-EU passport holders	非欧盟护照持有者

2.2.3 英国海关

入境最后一个流程是海关检查，英国海关有三大通道：

绿色通道为非欧盟国家的乘客（Non-EU passengers），没有携带需要申报（Nothing to declare）的违禁物品和课税物品，如过量的烟、酒或香水

红色通道为非欧盟国家的乘客，携带有需要申报的上述物品

蓝色通道为欧盟国家乘客

具体违禁物品和课税物品信息，请查询英国海关官方网站：www.hmrc.gov.uk

此外，如果你需要转机，下机后请沿"Flight Connections"指示牌而行，并留意显示屏上你下一个航班（your connecting flight）的信息。入境手续同上。

2.3 警察局注册

根据英国移民法律（Immigration Rules, Oct 2010）第10部分第325、326条，凡允许进入英国境内、停留时间在6个月以上的中国公民需在抵达英国7天内前往所在地警察局报到注册。你需要查询你居住地警察局信息，例如地址和注册办公部门工作时间。

办理注册时所需要携带的文件有：

护照，学校录取通知书或工作证明，地址证明原件（学校宿舍证明信或住宿合同），两张护照照片和注册费（在2010年时是34英镑）。

此外，你还需要填写一张注册表格，包括你的姓名、性别、国籍、出生日期、在英国居住地址、来英国方式（飞机、火车或渡轮）、抵达日期和地点等。警局官员会依照你提供的信息制作一张注册证明（Police Registration Certificate，即PRC）。PRC是你留英的一个重要文件，相当于一种身份证明，同护照一样，一定要妥善保管。如果遗失，就要重新办理，再交34英镑。

抵达英国

　　如果之后有地址、学校或工作变更情况，那么必须带上相关原始文件去警察局登记。你的PRC将会有相应的个人信息更新。

　　需要特别注意的是，随着留英人员特别是留英学生人数的增多，在开学高峰期，警察局可能会出现排长队的现象，并且你也有可能在短时间内没有住房合同，因此警局官员会和你预约下次注册时间，这样你就可以有充分时间寻找住所，签定租房协议书。当然，如果你是学生，住学校宿舍，就要在7天内争取拿到学校住宿证明。总之，无论是哪种情况，你都要在抵达英国后7天内前往警察局报到（report for registration）。

Mark William Richardson/Shutterstock.com

第3章 在英国居住

　　如果不是旅游、探亲或者短期访问，初来英国，首先要考虑如何解决长期住房问题。你可以先暂时住在朋友家、亲戚家、学校宿舍或青年旅舍（youth hostel）。短期住宿你还可以考虑房客旅馆（guesthouse）或者B&B（指bed and breakfast）。就如同广告所宣传的那样，房客旅馆和B&B的住宿情况常常都类似：房客都是住在一私人寓所的一个房间里，而且很有可能该房子的主人也住在那里。不过要是住在房客旅馆，你和主人住在一起的可能性倒是不大。房客旅馆更适合住宿一周或更久，而B&B则适合过夜或者睡两晚上。在一些小型的B&B里，你还会发现，除了房子的主人和他的家人，你是那里唯一的客人。

　　但从经济和生活方便角度考虑，这些都不是长久之计。例如，学校宿舍按最便宜计算每周租金是80-90英镑左右（如果宿舍是带独立卫生间en-suite，价格会更高）。所以要是能够租到价格便宜并且地理位置优越的住房，是再好不过的了。

在英国居住

3.1 寻找房源

当地英国人使用"Properties to rent"或者"Properties to let"来表达出租房屋。走在英国大街小巷，你可能会随处看见一个印有"To Let"（招租）的广告牌贴在某公寓楼（flat）房间的窗户外或者门板上，"To Let"下面会有某房屋租赁中介公司（Letting Agent）的名字和电话号码。你可以电话联系该公司，告知其工作人员地址，比如街道名称和门牌号码，咨询待租房屋的具体信息。

需要指出的是，在英国，租房一般都是通过房屋租赁中介公司（Letting Agents），而不是直接和房东（landlord）联系看房（to view the property）或者签定租赁协议书（to sign the tenancy agreement）和支付押金（the deposit）、租金（the rent）。选择 The Association of Residential Letting Agents（房屋住宅租赁代理商联合会，简称ARLA，www.arla.co.uk）或者The National Association of Estate Agents（国家房地产经纪人联盟，简称NAEA）的成员中介公司是最安全、最稳妥

在英国居住

> **关键词**
>
> | | |
> |---|---|
> | breakages | 破碎物品 |
> | direct debit | 直接借记 |
> | minimum period | 最短期限 |
> | returnable | 可退还的 |
> | upfront | 预付 |
> | viewing | 看房 |

的租房方式。其管理规章制度将为你提供一系列可靠的法律保障与支持。

除了依靠招租广告寻找房源,你还可以使用互联网搜索租房信息。例如,ARLA与NAEA官方网站可以帮助你查出你所在城市房屋中介公司的网址。进入各中介公司的网站后,只要你输入你希望入住的区域的邮政编码(postcode),并选择你认为合理的价格范围,搜索引擎会自动把符合条件的房屋信息列出来。你可以就其价格、所处地段、周围环境进行比较,挑选你认为可能满意的房子。总之,灵活使用互联网可以让你足不出户轻松网罗房源信息,助你尽快找到理想的留英居所。

当你电话联系中介公司时,你应向客户销售代表或工作人员表明你对某房屋的兴趣,初步咨询相关信息,并预约看房时间。例如,你可以询问待租房是否带家具(furnished或unfurnished),月租是多少(the monthly rent),押金是多少(the deposit)等问题。下面是租赁中介公司代理人和杨先生之间的对话:

代理人：	Hello, this is Currell Residential. May I help you?
	您好，这里是卡利尔房产公司。我能为您做什么吗？
杨先生：	Hello. I am interested in the property at 21, Lever Street. It's flat 12. The postcode is EC1V 3QY. How much is the monthly rent and the deposit?
	您好，我对利弗路21号的12号公寓有兴趣。邮政编码是 EC1V 3QY。请问，这个房子的月租是多少？需要交多少押金？
代理人：	Two seconds, please. Let me check for you. It's 600 pounds per month. And the deposit is one month's rent upfront.
	请稍等。我为您查一下。每月租金是600英镑，你还需要预交押金600英镑。
杨先生：	Thank you. How many bedrooms are there in the flat?
	谢谢您。请问这套公寓有几间卧室？
代理人：	There are 2 bedrooms and 1 living room.
	有2间卧室，一间客厅。
杨先生：	Ok. Is the flat furnished or unfurnished?
	好的。公寓配有家具吗？
代理人：	It's furnished.
	配有家具。
杨先生：	Thanks. Could you please arrange a viewing for me?
	谢谢，您可以安排我去看房吗？
代理人：	Sure. Would you be available at 11am the day after tomorrow, 27th September?
	当然可以。您看后天，9月27日上午11点钟，行吗？

杨先生：	Yes, that's fine for me. 好的，那个时间我可以来。
代理人：	Good. May I have your surname? 很好。请问您贵姓？
杨先生：	My surname is Yang. 我姓杨。
代理人：	Fine, Mr. Yang. May I have your contact number? 好的，杨先生。能告诉我您的联系方式吗？
杨先生：	My mobile phone number is 07501802399. 我的手机号码是07501802399。
代理人：	Thank you, Mr. Yang. My name is Robert Livingston. I'll be glad to help you with your viewing. I'll meet you at 21, Lever Street on 27th. See you then. 谢谢您，杨先生。我是罗伯特·利文斯顿。很高兴能帮助您看房。27日我会在利弗路21号等你。再见。
杨先生：	Thank you, Mr. Livingston. See you then. 谢谢您，利文斯顿先生。再见。

你可能还会问到以下问题：

杨先生：	Who does the cleaning? 谁来做清洁？
代理人：	a) That's your responsibility. You have to do that yourself. 这是你的责任。你得自己打扫。 b) A cleaner comes once a week and that's included in the rent 每周清洁工会来一次。租金包含了清洁费。

杨先生： Is there wifi?
有无线网络吗？

代理人： a) Yes. We'll give you a password when you sign the tenancy agreement.
有的。你签了租赁合同以后，我们就会给你上网密码。

b) I'm afraid not. We're thinking of having it installed though.
抱歉。但我们正在考虑安装。

杨先生： Is there a TV in the room?
房间里有电视吗？

代理人： No, you'll have to get your own.
没有。你自己买一个吧。

注意：如果你要在英国买电视，你还必须办理电视执照（television licence）。请登录www.tvlicensing.co.uk查阅相关信息。

杨先生： Is smoking allowed?
房间允许抽烟吗？

代理人： Absolutely not. There are smoke detectors fitted and these will go off if someone is smoking.
抽烟绝对不行。房间里安有烟雾探测器。如果有人抽烟，探测器就会响。

如果你是住在一套公寓或房屋里

杨先生： Is the room en-suite or do I have to share a bathroom?
房间自带卫生间吗？还是我要和别人共用浴室？

代理人: a) There's a toilet on every floor. And you also share the bathroom and shower.
每一层都有卫生间。你需要和别人共用浴室。

b) There is one en-suite room, but it's more expensive.
有一个带卫生间的房间,但是会贵一点。

杨先生: Does the room have its own cooking facilities?
房间有灶台吗?

代理人: You share a kitchen with three other tenants.
你和其他3个房客共用厨房。

杨先生: Do you provide bedding?
你能提供床上用品吗?

代理人: No, that's up to you.
这个你要自己准备。

杨先生: Do you provide cooking utensils and crockery?
你能提供厨具、碟子、盘子、杯子吗?

代理人: Yes, that's all provided.
这些都有了。

一些常见问题(当然,我们希望根本没有)

I can't get the wifi to work.
我上不了网。

The mattress is too soft. Can I have a firmer one?
床垫太软了。我能换一个硬点儿的吗?

The toilet isn't flushing properly.
抽水马桶冲水有点问题。

The kitchen window is jammed shut.
厨房窗户打不开了。

在英国居住

指示标志

B&B	附带早餐的小旅馆
bed and breakfast	附带早餐的小旅馆
Continental breakfast	欧式早餐
English breakfast	英式早餐
full board	包餐（早餐、午餐和晚餐）
full English	完全英式早餐
guests are requested to vacate their room by 11.00 am	客人需在上午11点之前腾出房间
half board	半包餐（早餐、午餐或晚餐）
no vacancies	全满
please do not disturb	请勿打扰
vacancies	空房
YHA	青年旅舍联盟
youth hostel	青年旅舍

3.2 看房

在条件允许的情况下，建议你提前到达看房约定地点。一来可以避免迟到，二来可以先熟悉熟悉房子的周围环境，了解一下所处地段的社区状况。比如，交通是否方便，附近有没有巴士站（bus stop）或者地铁站（underground 或 subway），有没有便利店或者超市（比如 Tesco、Sainsbury's、ASDA、Iceland），并注意它

们的营业时间（the opening times）。另外，也可以留意下自动取款机cash point的位置，方便今后生活和出行。当然，这些你也可以在看房时询问中介公司的工作人员。

看房时应特别注意：

1. 窗户是不是双层玻璃（double glazing）？英国秋、冬季比较长，而且冷，所以双层玻璃相对来说会保暖一点，并且隔音，防止噪声。

2. 公寓暖气是煤气供热（gas central heating）还是电供热（electric central heating）？烧煤气会比用电便宜。房东是否持有煤气安全证书（Gas Safety Certificate）？依照法律规定，房东每年必须进行一次煤气安全检查。

在英国居住

3. 家具是否齐全？如果你是选择带家具（furnished）的房子，一定要仔细看看日常家居设施还有没有需要添加的，比如，书桌（desk）、书架（bookcase）、衣柜（wardrobe）、床（bed）、床垫（mattresses）等等。如果是选择不带家具（unfurnished）的，租金会比带家具的便宜，你可以用省下的钱去IKEA或者Argos购置家具，但比较费时费力。

4. 厨房内的电器是否齐全？新旧程度如何？是否都能正常工作？一般公寓厨房都有电炉（hotplate）、烧水炉（boiler）、烤箱（oven）和微波炉（microwave）。一些房东还会提供烤面包机（toaster）和烧水壶（kettle）。洗衣机（washing machine）也一般放在厨房里。

5. 卫生间（bathroom）状况如何？查看一下淋浴（shower）、热水笼头（hot tap）和抽水马桶（toilet）是否都能使用。

总之，看房时一定要谨慎仔细，要充分利用时间，不要慌张匆忙，并且尽可能向工作人员咨询你所想到的任何问题。

3.3 签定租赁协议书

如果你确定愿意承租所看的房子，工作人员会给你说明签定租房合同的具体事宜。在一般情况下，中介公司会要求你填写注册登记表格，包括你的姓名、性别、国籍、出生日期、联系方式等个人信息。此外，你还要向中介公司出示你的护照、学校录取通知书、工作证明、资金证明（proof of funds）等原始材料，中介公司会保留这些文件的复印件。资金证明你可以提供银行账单（the bank statement）或者汇票（the draft）。

需要注意的是，中介公司不同，其处理业务的方式也可能不同。一些公司可能要求你本人到其办公地递交登记表格和个人材料，另一些公司则可能通过电子邮件给你发送表格，要求你下载、填写，并且扫描所有个人资料，再同样用电子邮件发回。

在签署租赁协议书时，一定要逐字逐句认真仔细阅读。如果有什么疑问，须向工作人员咨询清楚。一份合法的房屋租赁协议书（the tenancy agreement）应写明：

在英国居住

Tenant's name：房客或承租人的姓名，即你的姓名

Landlord's name：房东的姓名

Letting agent：中介公司

Address of the property：所租房屋的具体地址：

请按照以下顺序写地址，英语都是从小地方写到大地方，而中文是先写大地方（比如城市名）再写小地方（街名）：

房号、门牌号、街道名称、城镇名称、邮政编码

例如：Flat 2b, 325 Dumbarton Road, Glasgow G11 6TF

Date of entry or date on which the tenancy begins：入住日期，即租期开始日期

Duration of tenancy：租期，一般为6个月，与中介公司签合同，最短期限（the minimum period）为6个月，6个月到期后可再决定是否续签

Monthly rent payable：每月应付的租金 租金应写明是否包括市政税（council tax）以及水费、电费和煤气费。这些费用会在3.4详细介绍

Tenant's responsibilities：承租人的责任 比如要保持房间清洁、整齐；爱护室内家具、电器；未经房东同意，不随意在房门或墙壁安装门锁（locks）、挂钩（hooks）、钉子（drawing pins）；不饲养宠物（not to keep pets）

Landlord's obligations：房东的义务 诸如维修、煤气安全检查之类

Inventory of furniture and fittings：协议书应附一份房屋家具和日用品清单，包括沙发、床、桌椅、衣柜、电灯等，签字之前应仔细核对

Deposit：押金 房东会向承租人收取一定押金，以防止租金拖欠（rent arrears）。押金也用作房客对房屋会造成可能损害（possible damages）的维修费用。租赁到期后，如果没有任何损害或物品丢失，押金应在10天内全部退回。

至于如何支付每月租金，取决于房东的要求。第一他可能让你用direct debit这种银行转账方式来支付租金（direct debit这个银行术语将会在第7章里详细介绍）；当然你也可以直接带上现金去银行，并告知银行工作人员你房东的银行账号，那么工作人员就会把你的租金打在你房东的账户里；还有可能是你的房东每个月上门收取现金，这样倒是很省事。

为维护房东与房客双方合法权益，解决其纠纷，2007年英国政府※成立了两种租赁押金保障体系（tenancy deposit protection schemes，简称TDP体系）：监护保管体系（the custodial scheme）和保险基础体系（the insurance-based scheme）。保障体系明确规定房东必须履行法律义务，选择加入其中一种保障体系。两种体系区别在于：前者是要求房东直接将房客押金交予保管体系组织保管，后者是房东自行保管房客的押金，但须向保险体系组织交纳一定费用。

※注：保障体系只在英格兰和威尔士执行，苏格兰和北爱尔兰尚未出台相关法律体系。

政府规定，监护保管体系由押金保护业务公司（The Deposit Protection Service）运行（www.depositprotection.com）；保险基础体系则由我的押金公司（My Deposits）（www.mydeposits.co.uk）和租房押金计划（The Tenancy Deposit Scheme）公司运行（www.thedisputeservice.co.uk）。这些业务公司都为房东与承租人提供纠纷处理服务。你可以登录各公司网站查询相关信息，寻求法律援助。

在英国居住

在英国居住

3.4 市政税和水、电、煤气费

3.4.1 市政税

市政税指英格兰、苏格兰、威尔士市政机构为当地市政建设所征收的费用，用于公园、学校、交通、消防、治安、道路清洁、垃圾处理等公共服务与公共事业。市政机构会向每所居民住宅寄送一张市政税账单（a council tax bill），因此也可以理解为家庭税。价格由住宅价值和所处区域而定，由字母A到H表示不同等级（威尔士地区A到I）。等级A（Band A）最低，税费最低；等级H最高，税费也最高。你可以向中介公司了解所租房屋的市政税级别或者查看网站招租广告，其房屋信息会有市政税级别说明，比如 council tax band: C。

> 你应该问：
> Is council tax included in the rent?
> 房租包括市政税吗？

如果是与他人合租，你可以和合租人（joint tenant）分摊市政税。如果你与合租人都是全日制学生（full-time students），则可以申请免税（to claim exemption）。你需要将免税申请表格（exemption application form）和就读学校提供的全日制学生身份证明寄给当地市政局。如果你不是学生，而与全日制学生合租，则可以享受25%的税费折扣。

3.4.2 水费

在英格兰和威尔士，家居生活用水由不同的供水公司（water suppliers）提供，比如Anglian Water、Cambridge Water、Thames Water。苏

在英国居住

格兰和北爱尔兰用水供应机构为Scottish Water和Northern Ireland Water。供应商不同,收费标准也不同。特别需要注意的是,如果房东没有安装水表(unmetered),应付水费由你所居住房屋的可评利税价值(rateable value)或者市政税等级(council tax band)决定,其价格是固定的。如果已安装水表(metered),水费则由实际使用量决定。

3.4.3 煤气费和电费

同用水一样,煤气和电也由不同的能源供应公司(energy suppliers)提供,比如EDF Energy、London Energy、Basic Power、Scottish Power。所以,你将定期收到某供应公司寄出的煤气费与电费账单(gas and electricity bill)。

账单包括:

1. 帐户帐号Account Number用于账单查询、紧急情况、故障申报等
2. 收费计量起止日期:例如Period 06/05/10 to 30/06/10 表示从2010年5月6号到2010年6月30号
   气表与电表起止读数,例如:Meter Start 2568E; End 2626A
   (E表示Estimated估计的,A表示Actual reading实际读数)
3. 煤气费与电费Your gas and electricity charges
4. 应急联络电话Emergency contact number

第4章 吃在英国

作为一个岛国，英国借鉴并吸收了许多外来饮食文化的烹饪方式与风格。其特殊的地理环境和历史自然因素成就了今天英国菜肴传统与现代创新相结合的多元化发展趋势，食物也反映了不同民族、不同文化对英国社会的影响。

在现代英国，只要你打开电视，就很难逃过那些食物、烹饪、厨师等节目的"狂轰滥炸"。令人惊讶的是，就在不远的过去，英国人还被他们的欧洲同胞（法国人、意大利人、西班牙人等等）看作是靠最难消化、最单调无味的食物在生活。托媒体的福，现在食物（以及准备食物）成了全英国的一种时尚。

厨师都是些响当当的知名人士。英国食物界就有这样几位。

首屈一指的是高贵的德丽娜·史密斯（Delia Smith），著有很多烹饪学书籍。简单说来，她就是烹饪界的女王。

还有杰米·奥利弗（Jamie Oliver），一个蛮热情的家伙，积极地宣扬要回归优质纯粹、既健康又有营养的饮食，以增进国民健康。

前保守党部长的女儿尼吉娜（Nigella）也很出名，她从来不使用她的姓。作为美食家，她会热情洋溢地做好scrumptious（可口的）食物款待来访的

吃在英国

朋友，或者为即将举行的宴会派对作准备，或者让孩子们享受享受美味。看她的烹饪节目，甚至都会有一种错觉，摄像机都快流口水了！

接下来的是戈登·拉塞（Gordon Ramsay）。无论怎样，他在电视上都好像永远是一副怒气冲冲的样子。这位大厨师的节目还是值得一看的，如果你想多了解一下当代英语粗话。

不仅仅是播出没完没了的名厨节目，全国媒体也喜欢那种普通百姓聚在一起准备小型宴会派对的厨房节目。他们互相比较手艺，甚至戏谑对方，也一起领悟怎样才能做出美味佳肴。

> 所以你到了英国，不要错过品尝传统英国餐的机会。它们既可口诱人，又富有营养价值。

那么究竟什么才能做出美味佳肴呢？你会发现很多英国人去超市选择便宜的食材。只吃这些高脂肪高糖分的东西，肯定损害健康，还导致肥胖。尽管有像杰米·奥利弗这样的名厨帮忙，英国政府还是为国人这种不健康的饮食倾向而绞尽脑汁。

这里向大家介绍几道典型传统英国菜肴。

4.1 完全英式早餐 Full English breakfast

英式早餐相传起源于英格兰乡村，距今大约有100多年的历史，在世界上享有盛名。

同中国人饮食习惯不同，英国人非常重视早餐，而且很讲究。他们认为，一顿营养丰盛的早餐可以为白天工作提供充足的能量，增强自己的活力，迎接新一天的开始。

吃在英国

all-day breakfast
全天供应英式早餐

标准英式早餐花样繁多，菜色丰富，包括咸肉（bacon）、鸡蛋（煎蛋）、香肠（sausages）、蘑菇、蕃茄、面包片（即吐司，toast）和果酱。佐餐还有黑布丁（black pudding）和烤豆（baked beans）。饮料有茶，牛奶或者橙汁。有意思的是，除了饮料，这些食物并不是让你选择其中几样，而是全部都放在一个大餐盘里享用，没有点胃口还真是不行。

当然，这里介绍的full English breakfast是指在英格兰的传统英式早餐。地域不同，其名称和部分佐餐也会不同。在苏格兰，a full Scottish breakfast的佐餐为土豆烤饼（potato scones），有时候还有熏鲱鱼（kippers）；在威尔士，a full Welsh breakfast的佐餐是莱佛面包（laverbread）；在北爱尔兰，a full Irish的佐餐包括白布丁（white pudding）和苏打面包（soda bread）。

不过由于现代社会，早上大家都赶着上班，时间比较匆忙，并不是太多英国人每天早上都会吃标准英式早餐，有时候就只吃些谷类食物或者面包片。但是旅馆，餐厅，B&B还是照常为客人提供标准英式早餐。它毕竟是一种英国特有的传统生活方式。你还会发现，全天都可以享受完全英式早餐，因为它不仅仅是只在早餐时间供应，全天供应也很普遍。

4.2 英式下午茶 Afternoon tea

吃在英国

英国人讲究礼仪,矜持庄重,待人接物彬彬有礼,养成一种传统的"绅士"和"淑女"风度。我们曾读过的很多英国文学名著,比如《简·爱》、《傲慢与偏见》、《德伯家的苔丝》、《大卫·科波菲儿》里都有许多关于喝下午茶的描述。这种习惯起源于19世纪中期的中、上流阶层的贵妇人和小姐们。为了扩大社交圈,她们往往相互邀约,轮流到对方家里喝茶。可以说,品下午茶,正是英国人,特别是英国女性,追求高贵与优雅的真实写照。虽然在现代社会,由于工作的原因,下午茶可能已经不像以往那么流行,但仍不失为英国传统礼仪的典范。

下午茶时间一般是在下午3点到4点之间,一些酒店、餐厅、小餐馆、咖啡厅和茶馆(tea room)也可能为客人提供下午茶一直到下午5点。按照传统,茶先是在银质茶壶里泡好,然后倒入精美的陶瓷小茶杯中,别有一番英伦风味。根据个人喜好,你可以加牛奶、糖,或者切片柠檬。

咖啡厅和餐厅的标准茶是印度茶,很少有绿茶。

Afternoon tea,与其说是下午"茶",不如准确来说是午餐和晚餐之间的一顿加餐,因为除了喝茶之外,你还能享用其他精致可口的小点心。带果酱的司康烤饼(scones)就是下午茶不可少的甜点。三明治和蛋糕同样会让你大饱口福。

和中国一样,英国也是一个名副其实的爱茶的国家,每年会进口约144千吨的茶叶。不同的是,英国

> 英语口语中管茶叫"cha",这个词就源于中文的"茶"。

吃在英国

人喝的茶都属于印度茶,而不是我们那种绿茶。在一般情况下点茶喝,服务员自然会给你那种泡出来茶水泛红的印度茶。所以如果你想要其他品种的茶,一定要说清楚。另外,英国红茶通常都加了牛奶。

> 请不要加牛奶。

不过既然已经到了英国,领略一下英式茶文化、品一下英式红茶也将是个不错的体验,尽管这里的饮茶习惯和我们的不一样。

a nice cuppa

好茶

4.3 传统英国正餐

如果说中餐大多是煮、蒸和炒,那么英国正餐大部分为煎、炸和烤为主。一顿正餐主菜通常是烤肉类(roast meat):烤牛肉、烤羊肉、烤猪肉、烤鸡肉;再加上土豆和时令蔬菜。和我们以大米饭为主食不同,英国人是以土豆为主食,或煮、或烤、或炸。这也是为什么英国人爱吃薯条、薯片的原因。蔬菜则包括西兰花、豌豆、布鲁塞尔豆(Brussels sprouts)、卷心菜、胡萝卜等等。通常,餐后会有一道甜点,比如各种布丁、烧炖水果(stewed fruits)、酸奶(yogurts)或者冰淇淋。另外英国还流行一种冷餐——色拉(salad)。最典型的是芝士(奶酪)色拉(cheese salad)和火腿色拉(ham salad)。这种色拉主要由奶酪片(或火腿片)、生菜、西红柿、黄瓜(也可能加些冷土豆)混合而成。

对于英国人来说,周一至周五白天一般没有在家,因此他们的午餐吃得很简单,往往是一包三明治,一袋薯片,再加上一些水果就了事。因此到了周末,餐都会弄得丰盛一些。英国有礼拜日午餐(Sunday lunch)的传统。这是全家人聚在一起享用的盛宴。不过现在并没有太多家庭沿用这种习俗了,它仅仅是二、三十年前的习惯了。Sunday lunch也称之为Sunday roast,因为主菜肯定是一种烤肉(roast meat),而烤牛肉(roast beef)则是英国人特别喜爱的,一般沾辣根沙司酱(horseradish sauce)食用。按照传统习惯,约克郡布丁(Yorkshire pudding)也是礼拜日午餐必选食物之一。虽然叫做"布丁",但它并不是甜点,而是和烤肉一起吃的,被视为主菜的一部分。烤牛肉和约克郡布丁也是英格兰地区的传统招牌菜。

吃在英国

所以，如果你去酒店餐厅、餐馆或者咖啡厅，首先要把菜单（menu）弄清楚。一般餐厅菜单主要包括开胃小吃（starters或appetizers，包括汤soup）、主菜（main courses或mains）、甜点（desserts 或sweets）、奶酪食品（cheese）和咖啡（coffee）。除了以上介绍的家庭菜色以外，其实你在餐厅将有机会品尝到更多的英国传统特色菜肴。例如，各种烘烤馅饼（pie 或 pasty）就是菜单上的常客，比较出名的有农舍派（cottage pie）、牧羊人派（shepherd's pie）、康沃尔馅饼（Cornish pasty）等等。如果你去小酒馆，还可以考虑是否来份香肠土豆泥（bangers and mash）或农夫午餐（ploughman's lunch）。另外，别忘了还有苏格兰的代表菜系哈吉斯（haggis）和北爱尔兰的Irish stew（炖菜），相信你一定不会后悔。

以上介绍的英国名菜几乎都和肉有关系，不过现在有相当数量的英国人都是素食主义者（vegetarians）。你去超市购买食品的话，很多包装上都会注明"suitable for vegetarians"，说明该食品是适合素食主义者的。选择这样的食物，倒是一种保持身材的好方法。

吃在英国

总之，不要只把土豆或者肉和英国饮食联系起来，实际上有各种各样的大餐和菜单等着你选择，尝试一下在中国吃不到的美食吧！从某种意义上来讲，"吃"，为你打开了了解英国文化的一扇门。

你可以参考第58页的菜单，表中包含主要英国菜肴和它们的制作原料和制作方式。

4.4 奶酪

之所以要专门介绍奶酪，是因为英国人对它情有独钟。前面（4.3）也提到过，传统英国正餐里不能少了奶酪，有了奶酪才能算是完整的一顿英国餐。这感觉有点像我们中国四川人、湖南人对辣椒酱的喜爱与依赖一样。很多英国食品也是在奶酪的基础上做出来的，比如：

cheese on toast:	奶酪烤面包片
macaroni cheese:	奶酪通心粉
cheese sandwich:	奶酪三明治（芝士三明治）
cheeseburger:	汉堡包里再夹一片干奶酪
cheese straw:	含奶酪的长条油酥面饼
cheesecake:	奶酪蛋糕（芝士蛋糕）
cheese biscuits:	一种可以和奶酪一起食用的饼干

还有意大利最出名的匹萨饼（pizza），从很大程度上讲，卖点在于它的奶酪表皮。

英国奶酪有许多品牌。最常见的应该是切达奶酪（Cheddar cheese）。这种奶酪有很多花样与口味：比如柔和清淡的、浓烈点儿的地方风味等等。通常，切达奶酪包装上会注明mild（味淡的）、strong（味浓的）或者seriously strong（味非常重的）。味淡些的地方特产有Caerphilly、Cheshire、Wensleydale、Red Leicester和一些Double Gloucester。口味最浓的奶酪之一是Blue Stilton。事实上，它闻起来比吃起来更冲。建议你吃的时候，鼻子不要靠得太近。

4.5 炸鱼薯条 Fish and chips

在中国，我们引进的西方快餐，例如麦当劳、肯德基和必胜客，都来自美国。虽然这些在英国也有，但正宗的英式快餐非fish and chips莫属。虽然只是一种快餐，但它和烤牛肉、约克郡布丁齐名，被视为英格兰传统招牌菜（English national dishes）之一，享有英国食物界"国粹"的美誉。

Monkey Business Images/Shutterstock.com

吃在英国

炸鱼薯条的历史远远长于麦当劳。英国大文豪查尔斯·狄更斯1830年的作品《雾都孤儿》中首次描述炸鳕鱼。全英国大约有1万1千多家鱼条店,成为了英国人外卖食品(take-away food)中的首选。有过这样一个惊人的记录,一家店曾在一天里卖掉了4000多份炸鱼薯条!

炸鱼薯条之所以这么受欢迎,一是因为它方便快捷,二是因为它新鲜美味。其制作方式极其简单:把鱼裹上一层面糊,放在油锅里煎炸,然后和薯条一起,加点盐和醋(vinegar),再用纸一包(或者放在白色塑料盒里),即可外带(to take away)。有趣的是,炸鱼薯条曾经是用报纸打包的。更值得一提的是,不像我们在国内吃的麦当劳薯条那么细,英国的薯条,根根都有手指那么粗,泛着金光,非常具有英国气质。再加上鱼肉鲜嫩,面壳也是炸得金灿灿脆生生,真可谓是色、香、味俱全。走在英国街头,你经常都可以看到男女老少,左手捧着一个纸包,右手拿着一个小木叉。毫无疑问,十有八九都是在享受fish and chips!

4.6 其他选择

4.6.1 快餐食物

除了炸鱼薯条店之外，你也可以在 Burger King、Subway、McDonald's（麦当劳）和肯德基买快餐食物。需要注意的是，在国内我们去麦当劳或者肯德基，习惯了说汉堡这个词，它实际上是把 hamburger 音译过来的，其实这种"堡"有许多种类，你在点餐时需要说清楚你是想要鸡肉堡（chicken burger）、牛肉堡（beef burger，也叫 hamburger）、鱼堡（fish burger）还是奶酪堡（cheeseburger）。所以，你最好结合图片（一般这些快餐店菜单都有彩图），看清楚 menu，否则服务员不会明白你要什么。Subway 的快餐则主要是夹馅面包。你先选择你想要的面包条，然后再看看喜欢吃咸肉（bacon）、鸡肉、牛肉或者是香肠。除了挑选肉馅，你还可以选择一些蔬菜，比如黄瓜（cucumber）、番茄、生菜、青椒、洋葱（onions）等等。

> 真是令人发疯的文字游戏啊！
> 汉堡（hamburger）实际上是牛肉堡（beef burger），并没有夹火腿在里面。同样，不要把 ham roll 和汉堡混为一谈。Ham roll 才是火腿堡，即两圆形面包片里夹有火腿。火腿堡是冷的，而汉堡（即牛肉堡）是热的。

吃在英国

4.6.2 外国餐馆

当然,英国不仅有许多好吃的当地美味,也有不少风味独特的异国佳肴。随着移民人数的增加和英国人口组成的变化,越来越多的外国餐馆出现在街头巷尾。法国餐、意大利餐、西班牙餐、日本餐、韩国餐、印度餐等纷纷加入竞争行列。饮食界呈现出百花齐放、百家争鸣之势,完美地诠释了英国的多元文化及英国人好客的传统。

说到印度餐,不得不提到 chicken tikka masala,这种咖喱小鸡块在英国非常流行,甚至还有争论说要不要把它和烤牛肉、约克郡布丁以及炸鱼薯条放在一起,算作是 national dishes 的一种。关于其起源,大家也说法不一。有人认为它是来自印度和巴基斯坦交界的 Punjab 地区,也有人认为来自上世纪70年代伦敦 Soho 区的印度餐馆,还有人称它出自于一位格拉斯哥的印度厨师,为满足当地苏格兰人口味而专门调制酱料得来。

实际上,印度餐,特别是咖喱,已是英国饮食文化重要的一部分,很多英国人非常喜欢印度口味的食物。例如,除了炸鱼薯条,薯条配咖喱汁就备受青睐。相对来讲,我们中国人可能对西餐更熟悉一点,也可能一下适应不了印度咖喱味。不过,偶尔尝新

一下并非是一件坏事，说不定，还会有意想不到的惊喜。

4.6.3 中餐

中餐在英国也很受欢迎，特别是中餐外卖店。在最近的民意调查中，有43%的受访者表示喜欢光顾中餐外卖店，一是因为好吃，二是送餐服务（home delivery service）非常方便。你只需要打电话订餐，并告知接线员地址，外卖司机就会把餐送到你住处。

至于菜色，由于历史原因，最初期的中餐馆和中餐外卖店都是香港人开设，因此大部分都是广东风味的粤菜系。为适应英国人的口味，还作了些调整。不过，炒饭，炒面，炒米粉之类想必大家都能够接受。近年来，随着中国大陆赴英留学人员和技术移民人数的增多，川菜、东北菜、福建菜也相继出现在菜单上。中餐菜系呈多样化发展趋势，以满足八方食客的需要。

需要指出的是，一般中餐馆为客人提供的菜单都是中英文结合，外卖店的菜单则是全英文，而且菜单上的音译英文菜名都是采用的粤语拼音，非汉语拼音。鉴于大家可能对中餐的英文菜名比较陌生，为方便读者，第56页有外卖店中餐英文名及其中文翻译。

中餐英文名及其翻译

Crispy Wun Tun	炸云吞
Sesame Prawns on Toast	虾多士
Spring Roll	春卷
Chicken Mushroom Soup	蘑菇鸡汤
Chicken Noodle Soup	鸡面汤
Chicken Sweet Corn Soup	鸡米汤
Hot and Sour Soup	酸辣汤
Beef/Chicken/King Prawns with Tomato	番茄牛/鸡/大虾
Beef/Chicken with Onions	洋葱牛/鸡
Chicken in Batter	鸡球
Beef/Chicken/Duck/King Prawns with Black Bean Sauce	士椒牛/鸡/鸭/大虾
Beef/Chicken/King Prawns with Curry Sauce	咖喱牛/鸡/大虾
Beef/Chicken/Duck/King Prawns with Chop Suey	什水牛/鸡/鸭/大虾
Beef/Chicken/King Prawns with Mushroom	蘑菇牛/鸡/大虾
Kung Po Chicken	宫保鸡
Lemon Chicken/King Prawn	柠檬鸡/大虾
Salt Pepper Chicken	椒盐鸡
Szechuan Chicken	四川鸡
Sweet & Sour Chicken	中古鸡
Char Sui (Barbecued Pork)	叉烧（即烧烤猪肉）
Spare Ribs	排骨
Chow Mein	炒面
Fried Rice	炒饭
Boiled Rice	白饭

4.7 小费

我们汉语有个成语叫"入乡随俗";英语也有句谚语"When in Rome, do as the Romans do"。两种说法有异曲同工之妙,都指到了一个地方,就要按照当地的习俗办事。那么我们来到了英国,就应该do as the British do,尊重当地的风俗文化。

在英国,给小费是一个传统习俗,在服务行业非常普遍。比如在餐厅,顾客往往会在付费时额外给与一定报酬,以表示对餐厅优质服务的感谢。至于金额,通常按帐单(the bill)的 10%至15% 计算。不过,有的餐厅菜单或账单上会注明"service charge included",即包含服务费,那么你不用另外再给。当然,如果你对餐厅和服务生非常满意,可以额外给与一定费用。如果账单上明确写有"service charge not included(不含服务费)"或者"Gratuities are at the customers' discretion(服务费,顾客请随意)",你最好是给账单的10%或15%的小费,以表示感谢。

总之,给小费在英国是极普遍而自然的礼节性行为,是对服务人员的礼貌和尊重;更深层次来讲,也是对英国文化的一种尊重与理解。

英国菜肴

刚从中国来,你对英国的食物肯定不是很熟悉。要搞清楚那些菜名和食物名,的确不是件容易的事。况且,你都不一定能在字典上找到它们。这里我们为你列出了一些常见英国菜肴和典型食物的说明,你再去餐厅看英文菜单就不会头痛啦。

apple crumble

酥皮苹果甜点,由炖苹果烘焙而成,表面浇有面粉、糖和食用油做成的脆皮(不同的酥皮甜点可由不同种的水果做成)

baked potato/ jacket potato

带皮烤的土豆(所以也称皮夹克土豆):一整块土豆放在烤箱里烘烤,并在表面切开,根据个人喜好,选择可口的馅料

bangers and mash

香肠和土豆泥，一种传统英国食物，虽然简单但是能填饱肚子

吃在英国

banoffi pie

巴诺菲派：一种非常甜的点心，底层是松脆饼干，然后涂上太妃，放上切片香蕉，通常还会裹上生奶油（甜点名字由"banana"和"toffee"组合而成）

black pudding

黑布丁：一种含有燕麦片的带血香肠，通常是早餐的一部分，当然也能在炸鱼薯条店买到

吃在英国

BLT

咸猪肉（B）生菜（L）和番茄（T），三者是典型的英式三明治馅

Bombay duck

孟买鸭并不是鸭，而是一种干鱼，有时和印度餐一起吃

bubble and squeak

巴波斯库克：礼拜日午餐未用完的蔬菜放在一起油炸，主要是土豆和白菜

cauliflower cheese

花椰菜起司：花椰菜上涂有细腻的奶酪香味调味酱，放入烤箱烘烤而成

吃在英国

chicken tikka masala

不在英国的人可能会认为典型英国餐是炸鱼薯条，但是根据民意测验，英国人最喜欢的肉是印度调味汁小块鸡。这道菜并不是源于印度，而可能来自格拉斯哥，为的是满足英国人的肉汁瘾

Chinese

想要个Chinese？这里指中餐，大多数指中餐外卖食物。

Continental breakfast

一种相对于 English Breakfast 的非主流早餐，据说是健康食品，包括果汁、羊角面包、咖啡等等

Mark Stout Photography/Shutterstock.com

Cornish pasty

英国西南部康沃尔半岛流传下来的可口烤馅饼

吃在英国

cottage pie

农舍派：由熟的碎牛肉涂上土豆泥放入烤箱烘烤而成

cream teas

被视为典型英格兰下午茶，和蛋糕、烤饼、奶油一起享用

digestive

不带果酱的甜味饼干，与奶酪、咖啡是不错的搭配

吃在英国

dinner

正餐这个词可能会把人弄糊涂。它既可以指午餐也可以指晚餐，取决于使用者是英格兰哪里人和他们所属的社会阶层。通常，在没有特殊说明的情况下，这个词都指晚餐，即"dinner"是比"evening meal"更高级的措词（除了在校正餐肯定是一天中午吃的以外，礼拜日正餐也是在午餐时间享用）。

fish and chips

传说中的英式食品，为裹了面糊（有时裹面包屑）的煎鱼和油炸薯条，再随性醮上盐和醋，如果你赶时间，用纸一包就可外带（或者装在塑料盒里）

Olga Nayashkova/Shutterstock.com

full English/Scottish breakfast

完全英格兰/苏格兰早餐：也被称之为cooked breakfast，主要包括鸡蛋（或油炸或煮或炒）、咸猪肉、香肠和番茄

Neil Rouse/Shutterstock.com

吃在英国

golden delicious
一种苹果

Granny Smith
一种味道强烈略苦的苹果

haggis

哈吉斯：将羊的内脏（心、肺和肝脏）剁碎，加洋葱、燕麦、板油、香料和盐，再用汤料混合后放入羊肚煮成的一种传统苏格兰菜肴。听起来好像有点反胃，但吃起来很美味。按照传统，和土豆泥和蔓菁一起食用

吃在英国

Irish stew

传统爱尔兰炖菜,由羊肉、牛肉、土豆、胡萝卜和洋葱炖制而成

mash

土豆泥的简称

mushy peas

豌豆粥:把隔夜浸泡过的豌豆煮成粘稠块状,通常和炸鱼薯条一起食用(特别是英格兰北部)

onion rings

洋葱圈：一道可口的油炸配餐，由洋葱裹上面糊做成圈状而来

Stephen Vanttorn/Shutterstock.com

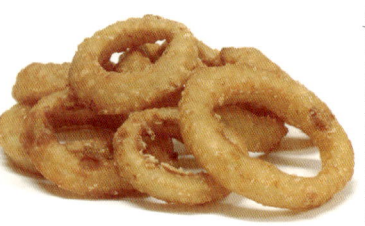

pakora

在英国的一道印度餐主食，作为开胃小吃食用，由裹了香精面糊的小份蔬菜、肉或者鱼深煎得来

WITTY234/Shutterstock.com

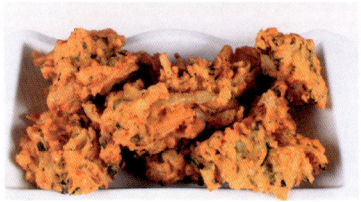

platter

大盘餐：选择的某种特定食物餐，盛在大浅盘里享用，例如 a seafood platter，a cheese platter

Brett Mulcahy/Shutterstock.com

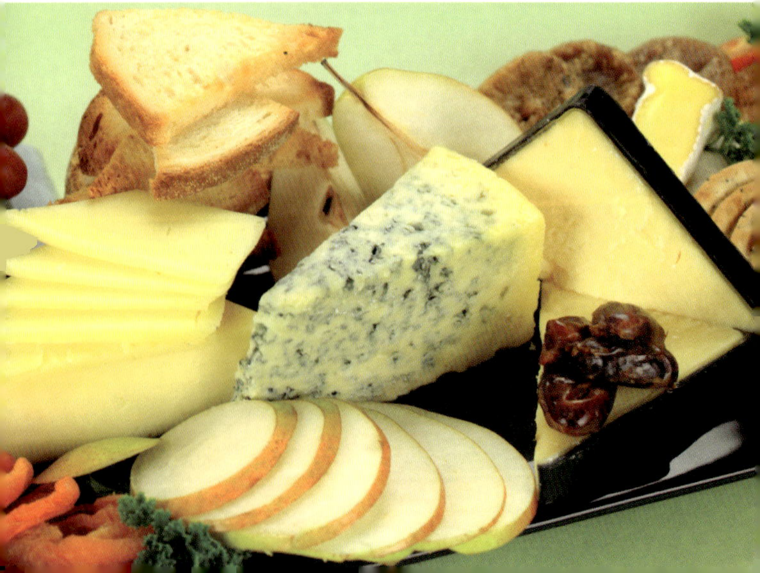

吃在英国

ploughman's lunch

农夫午餐：酒馆提供的农夫午餐常常包括奶酪、泡菜和一大块面包

prawn cocktail

大虾冷盘：开胃小吃，煮熟了的对虾和脆生菜配上调味酱

rice pudding

大米布丁：一种由大米和牛奶加糖制成的传统甜点，有时添加桂皮香料或肉豆蔻，也可以加干果，例如葡萄干

吃在英国

samosa

三角油酥面皮夹有辣的蔬菜馅或肉馅，是一种非常流行的印度快餐

sausage roll

香肠卷：一种便宜、方便的大众快餐，为油酥面皮包裹香肠烘烤而成

shepherd's pie

牧羊人派：熟碎羊肉涂上土豆泥放入烤箱烘焙而成

shortbread

黄油甜酥饼干：主要由面粉，糖和黄油制成，并且有多种式样

吃在英国

smoothie

果汁：一种不含酒精的饮料，由多种水果混合而成

Stilton

著名的英格兰蓝纹干酪品牌，由莱斯特郡、诺丁汉郡和德拜郡生产，通常在圣诞节食用，是少数用注册商标保护的传统英国食物之一。气味和口味都很重

steak

牛排：点了牛排，你就会被问到牛排做成几分熟，你可以使用rare（生），medium rare（半生），medium（半熟），well done（熟)这几个用语。当然，也可以要求在这四种生熟程度之间，例如，medium to well done就是指在medium和well done之间

吃在英国

Sunday dinner/lunch

美味的英国礼拜日正餐/午餐，主菜是一大块烤肉，搭配调味汁、土豆和其它丰盛的蔬菜

toastie

托斯泰：小餐馆提供的非正式午餐，是一种含各种可口馅料（比如起司和火腿）的烤三明治

trifle

松糕：一种敷有蛋奶沙司和奶油的多层海棉蛋糕甜点，通常含有水果，并加酒调味

Welsh rarebit

威尔士干酪吐司，即浇有熔化了的调味干酪的面包片，有时也写成 Welsh rabbit

Monkey Business Images/Shutterstock.com

吃在英国

Worcester(shire) sauce

英国人喜欢在食物里添加浆汁和香料，伍斯特（郡）调味汁正好可以同时满足这两种需要。这种开胃酱于1836年首次面市，一般含有豆豉油、醋和香料，比如罗望子果。它可以与许多菜肴一起搭配食用，也是血玛丽鸡尾酒的重要成分。

Yorkshire pudding

约克郡布丁：并不是一种甜点，而是作为礼拜日正餐烤牛肉的传统佐餐，由面粉、鸡蛋、牛奶配成的清面糊做成

Joe Gough/Shutterstock.com

第5章 出行

走在英国街头，你可能首先会感到不适应的是：英国汽车方向盘是在右侧，汽车是靠左行驶的。如果面对马路站，汽车都是从你右边往左边开过，而不像在中国是从左往右。所以在英国出门，一定要小心，切记过马路时先朝右看，改掉在中国朝左看的习惯。另外，在人行横道交通灯下面，有一个"WAIT"指示牌和按钮。行人需要过马路时，按一下上面的按钮，"WAIT"指示灯就会亮起，过一会马路对面的红灯就会变成绿灯（绿灯亮时，显示的是一个绿色行走的小人，所以英国人管这种绿灯叫"绿人"），汽车也会停下，让行人通过。这一点也同中国不一样。行人需要自己去按按钮，否则灯会一直是红的亮着，来往的车辆也不会停。

在英国，即使你是在没有交通灯的人行横道，一旦你走上斑马线，司机们都会为你停下车来，因为"车让人"在英国是一条法律。甚至你还会发现，即使行人还没有踏上斑马线，但看起来是想要过街的样子，司机们也一般都会停车让行人先过。不要觉得奇怪，其实这只是英国不同于其他欧洲国家的诸多小事之一。大多数的行人也会点头或者朝司机挥手以表示感谢。

Boris Johnson,伦敦市长,热衷于鼓励更多人使用自行车。他发起了 *Barclays Cycle Hire* 计划,也使 *bicycle superhighways* 得以修建,它正逐渐改变伦敦的市容市貌。
摄影师:
James O Jenkins

5.1 公共汽车与自行车

　　本地出行,公共汽车是最方便的交通工具。有两个原因:一是英国的公共交通非常发达,每个城市都有密集的公交网络。你可以乘坐不同线路的公共汽车往返于城市中心和城市其他各个地方。二是因为在英国,骑自行车是一项健身运动,而不是市民的基本交通工具,而且英国也没有多少自行车道,自行车和机动车是混道行驶的。走在街头,你就可能看到一些运动爱好者戴着头盔、骑着自行车穿梭于汽车之间。尽管现在英国已做出了许多发展自行车运动、呼吁公众使用自行车的努力,骑自行车还是相对不安全,所以建议大家还是选择乘坐公共汽车。

　　英国的公共汽车公司运营商有很多。这些公司的收费标准不同,而且运行线路也不同。

出行

因此，你需要查询你所在地的公共汽车公司运行商，弄清楚它们的线路以及收费情况。你可以登录这些公司的官方网站，例如www.firstgroup.com/ukbus/（First公司）、www.arrivabus.co.uk（Arriva公司）等等查询当地相关信息，包括时刻表（timetables），线路地图（network maps 或者route maps），票价（fares and tickets）。

其实选择公共汽车相对比较便宜，特别是频繁出行的话。因为很多汽车公司都有一天票（one-day tickets或者daily tickets），周票（weekly tickets），月票（monthly tickets），季票（season tickets）甚至年票（annual tickets）。这些票都比单程票（single tickets：即去目的地的一次性车票）和回程票（return tickets：即去目的地的一次性往返票）划算，因为它们可以让你在规定时间内（一天、一周、一个月内等等）无限制乘坐该公司任何线路的巴士，可以节省一大笔费用。如果你是学生，还可以买到学生打折票。至于去何处购买车票你可以询问巴士司机，查询网站，拨打客户电话，或者去你所在地公共汽车总站（bus station）咨询。

在英国乘坐公共汽车还需要注意：

1 在站台（bus stop）等公共汽车时，要留意车来的方向，自己要搭乘的线路的车来了的话，要招手示意，车才会停下，否则司机会认为这个站台没有乘客需要上车，就不会停车。

2 上车向司机买票或出示车票后，尽量往车厢后面或者楼上（如果是双层公共汽车）走。因为前面几排座位是留给老年人、残疾人和推婴儿车的乘客的。你也会发现这些座位附近都有告示牌，上面写着"priority seats for elderly and disabled people"。

3 要下车之前，按一下车厢扶手上的按钮，司机就会在下一个站台停车。在一些城市，还流行下车前对司机说"thank you"的习惯。

4 如果不清楚应该在哪里下车，你可以询问司机或者其他乘客。英国公共汽车站很多都没有站名。不过慢慢熟悉了就好，不用过分紧张。

> 英国公共汽车站很多都没有站名。

> 你需要询问司机或其他乘客：*Can you let me know when we get there?*

> 他们可能就会这样回答你：*I'll give you a shout*（到了我会大声告诉你）。

出行

5.2 地铁

英国四个城市有地铁：伦敦、纽卡斯尔、利物浦和格拉斯哥。一般每个地铁站都为乘客提供免费地图。同公共汽车一样，你可以购买周票、月票、套

出行

票（10-journey tickets 或者20-journey tickets）。具体情况你可以向地铁站工作人员咨询，因为城市不同，服务也可能不同。伦敦地铁票将在5.7详细介绍。

5.3 出租车

英国的出租车叫cab，都是统一的式样，大部分是黑色的，也有的涂上了其它颜色，看上去很复古，也很可爱。和中国一样，乘坐出租车也有起步价，一般是2.2英镑，然后按英里计费。白天和晚间的费用是不一样的。

如果是集体出行，可以考虑乘坐出租车。因为有时合租一辆出租车每人平摊的费用比买公共汽车票还便宜。

除了在街上招手拦车，你还能打电话预定出租车。出租车会在你预定的时间和地点等你。

5.4 汽车租赁

当然你也可以租赁汽车自己开车出行。办理汽车租赁时，你需要出示你的国际驾驶资格证以及银

行借记卡或信用卡。你还需要提供进一步的身份证明。汽车租赁公司会要求你出示最近的消费账单、银行清单或者信用卡清单。这些账单、清单需显示结算的日期（必须是最近的）、你的姓名和地址。

5.5 长途汽车

如果是从一个城市到另一个城市，可以考虑坐长途汽车（coaches）。长途客运服务由不同的长途汽车公司提供。

长途汽车的优点就是价格比较便宜，也可以沿途欣赏风景。如果你提前订票的话，几镑的票都可以买到。你可以登录长途汽车公司的官方网站，它们都有专门的搜索页面，有的叫Journey Planner。只要你输入你的出发地点（travelling from）和目的地（travelling to），选择你的旅行日期，再选择单程（one-way或single）或者往返（return），网站就会自动为你列出具体时刻和票价，非常方便。

5.6 火车

5.6.1 英国铁路交通状况

英国铁路系统也比较发达，铁路网四通八达，遍布全国，几乎很多小城镇都有火车站，不愧是发明铁路的国家。因此，你也可以选择乘坐火车长途旅行。

虽然在英国买火车票也要排队，但绝不会像在中国那样要排很久。而且你还可以网上预订火车票，所以你就根本不需排队，也不可能出现等很多天才能买到票的情况。相对于在中国购买火车票，英国是要轻松得多了。

出行

　　但必须要指出的是，英国的铁路系统实际上落后于其他很多欧洲国家。就连英国人自己都不是很满意现今的铁路服务状况。特别是在人口密集的英格兰东南部，上下班坐火车根本就是一种痛苦——简直拥挤不堪。而且乘客们上了车就戴上耳机听MP3音乐，没有交流，都各自畏缩在各自的私人世界里。

　　这种紧张与噪音问题已越来越严重，以至于英国铁道部门在一些火车上设定了安静区Quiet Zones。在这些安静区里，你不能打手机、听音乐，但是可以使用笔记本电脑工作，看小说，打盹。要是无聊没事，就盯着窗外风景看也行。总之，你在安静区要保持安静，要尊重、体谅他人。

　　同其他欧洲国家相比，英国火车票票价比较高。所以如果旅程较长，应该提前预订好火车票，这样你就可能买到最便宜的车票。

伦敦利物浦街火车站(Liverpool Street Station)

Douglas Freer/Shutterstock.com

例如，从格拉斯哥到爱丁堡只有51英里，同样的距离在整个欧洲来说，票价号称是最贵的了。这真是让英国人感到很不好意思。

那究竟为什么会这样呢？在上世纪60年代的英国，汽车开始在大众广泛普及起来，因此铁路系统需要现代化的改进和发展。但所谓现代化的维新实际上导致了数千英里的铁路轨道停用（占全国铁路的20%）和数千个火车站关闭（占全国火车站的50%）。这就是历史上著名的 Beeching Cuts（本琴削减）运动，目的是节省成本，为将来作打算。

后来更糟的是在90年代，保守党政府出台了使铁路私有化的政策。简单说来，私有化真正的含义是指：运营铁路的目的是为了纯粹赚钱谋利，而不是为公众提供交通服务。

现在，挤到爆的高速公路就像动脉血管一样，汽车往来穿梭不停。于是人们开始盼望回到过去，回到乘坐火车就能到达一些小城镇或者偏远地区的时代。

5.6.2 如何购买火车票

购买火车票与购买长途汽车票一样，你可以登录铁路服务公司的官方网站搜索时刻和票价信息。搜索方法也一样，输入出发地、目的地，选择日期和单程或往返。提前预订和当天买当天走，价格差距很大，特别是对远程旅行来讲。当天买当天走

出行

的，会比提前预订的贵很多。所以建议你安排好行程，越提前预订，火车票越便宜。预订的火车票上 Ticket Type（票种类）会注明"ADVANCE"字样，表示提前预订。

> 火车票种类除了"ADVANCE"，还有 ANYTIME（任何时刻）和 OFF-PEAK（非高峰时刻）的区别：
>
> **1** Anytime Single 和 Anytime Day 表示你的火车票在注明的日期当天内任何时刻都有效。
>
> **2** Anytime Return 表示你的去程在注明日期 5 天内有效，而回程在注明日期一个月内有效。
>
> **3** Off-peak Single 和 Off-peak Day 表示在注明日期当天内任何非高峰时刻都有效。
>
> **4** Off-peak Return 表示去程在注明日期当天非高峰时刻有效，回程在注明日期一个月内任何非高峰时期有效。

具体非高峰时刻要根据行程日期和你所选择的火车服务公司而定，但大体上一般指周一至周五上午9点半到下午3点半之间，晚上6点半以后和周末全部时间。不过建议你最好仔细查询你所选公司的火车时刻表，以免造成不必要的损失。

16岁以上26岁以下的乘客，乘坐火车还可以享受打折优惠。你需要办理一张 16-25 Railcard。有了这张火车卡，你在购买火车票时就可以减免正常票价三分之一的费用，即差不多7折左右，非常划算。你可以前往火车站售票处办理16-25岁火车卡。你需要出示护照，准备一张护照标准照片和26英

出行

指示标志

do not speak to the driver	不要和司机聊天
for hire	待租
give way	请让步
mind the gap	请小心（火车和地面之间的）缝隙
Oyster Card	牡蛎卡（仅伦敦）
request stop	请求停车（你在公共汽车站bus stop会看见这个指示标志，它表示你要向公共汽车司机挥手，要求其停车，否则车不会在站台停下来）

镑（2011年办理费用是26英镑）。卡的有效期是一年。如果你是26岁以上的全日制学生（full-time student），也可以办理该火车卡。你还需要填写16-25 Railcard申请表中"mature students only"部分，并交你就读学校盖章证明其有效。

5.7 牡蛎卡 Oyster Cards

　　伦敦市的交通系统也非常完善。由公共汽车、地铁（underground）、轻轨（Docklands Light Railway，即DLR）、地上铁（London Overground）和国家铁路（National Rail）构成的交通网遍布伦敦市及周边地区（整个Greater London分成了9个交通区），因此出行非常方便，想去的地方几乎都可以到达。

5.7.1 牡蛎卡能为您做什么

在伦敦，很多人都使用Oyster Card（牡蛎）卡。这张卡由伦敦市政府交通局（Transport for London，即TFL）统一发行并管理。有了牡蛎卡，你可以在伦敦9个交通区内使用任何一种交通工具，而且是可以从一种交通工具换乘到另一种交通工具，而不需要再另外购买车票（例如乘坐地铁后换乘公共汽车，乘坐公共汽车换乘火车）。用它支付车费，也是最便宜的方式，而且还避免了长时间排队以及携带各种车票纸张的麻烦。

5.7.2 牡蛎卡如何支付车费

随乘随付

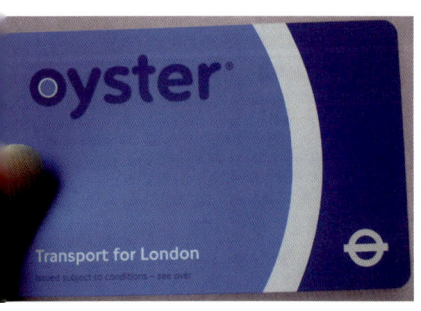

你可以使用随乘随付（pay as you go）的方式支付单程车费，即在你的牡蛎卡里存入一定量的现金，每使用一次，自动扣取一定费用，直到用完为止。使用这

种卡的好处在于，你所支付的单程车费比直接用现金购票的车费便宜。例如，乘坐公共汽车，使用牡蛎卡单程票价为1.3英镑，现金单程票价则是2.2英镑（2011）。乘坐地铁，使用牡蛎卡单程票价为1.9英镑（非高峰1-2区），而1-2区非高峰时间段的现金单程票价则是4英镑（2011）。

牡蛎卡还有每日价格封顶（daily price cap）。每日价格封顶可以让你在一天内多次乘车，并且费用不会超过一天旅行通票（Day Travelcard）的费用（一天旅行通票可以让你在一天内在所规定的交通区内无限制乘坐地铁、公共汽车等）。例如，非高峰时间段每日价格封顶为6.6英镑，非高峰时间段一天旅行通票同样也是6.6英镑（2011）。

季票

牡蛎卡还可以捆绑3种季票（season tickets），包括公共汽车通票（bus pass）和旅行通票（Travelcards，一天旅行通票除外，一般是7天旅行通票，月旅行通票或者年旅行通票）。使用这些季票会比随乘随付支付单程费用还要便宜，而牡蛎卡的好处就是把这些季票都集中在一起，省去携带多种季票的麻烦，也可以避免遗失。

合并使用随乘随付和季票

牡蛎卡的优点就是，随乘随付和季票是可以合并使用的（当然你可以单独使用随乘随付或者季票），即你可以同时在你的牡蛎卡中存入随乘随付现金账户、公共汽车通票账户以及旅行通票账户（即季票账户）。在使用时，牡蛎卡计费系统会自动识别是使用你的随乘随付账户，还是季票账户，非常灵活。例如，某天你的公共汽车通票过期了而又没来得及购买新的，那么你乘坐公共汽车使用牡蛎卡，它会自动扣取你随乘随付账户中的现金。

还有一个例子，你所购买的旅行通票是规定了交通区的，即你只能在一定的交通区内无限制使用，比如1区内，1至2区内、1至6区内等等。如果某一天你可能因为有事要乘坐地铁到旅行通票所规定的交通区以外的地方，那么你在使用牡蛎卡时，它也会自动扣取你随乘随付账户中的现金，非常方便。你就不需要再去排队买车票了。

5.7.3 如何使用牡蛎卡

如何使用牡蛎卡，方法很简单。如果你是乘坐公共汽车，在上车后把牡蛎卡放在驾驶室旁边的黄色读卡器前面触读一下，这叫"touching in"。如果绿灯亮，则表示你的卡触读成功。如果你是乘坐地铁、轻轨、地上铁或者国家铁路列车，你必须要在经过检票铁栏时，在检票机上触读你的牡蛎卡：乘车前和乘车后前后两次（touching in和touching out）。只要触读成功，牡蛎卡会自动识别是使用你的季票账户还是使用随乘随付账户。

5.7.4 如何办理牡蛎卡

你可以在地铁站售票处和地上铁车站售票处购买牡蛎卡。伦敦的报刊销售店、外卖酒店和一些商店也出售牡蛎卡。你也可以登录www.tfl.gov.uk/oyster在线购买。你需要花5英镑（2011），这相当于是押金，以后要是不用牡蛎卡了，这5英镑会退还给你。

©iStockphoto.com/Stuart Taylor

5.7.5 牡蛎卡种类

牡蛎卡有成人卡以及学生卡。如果你是18岁以上的全日制(full-time)学生,你就可以办理18+student Oyster photocard。这种牡蛎卡可以帮助学生在购买旅行通票(Travelcards)和公共汽车通票(bus pass)时享受7折优惠。

5.7.6 如何给牡蛎卡充值

你可以前往地铁站售票处、地上铁车站售票处、地铁站售票机给牡蛎卡随乘随付账户充值(top up)以及办理季票账户。你也可以登录www.tfl.gov.uk/oyster在线充值、购买旅行通票。该网站还可以设置auto top-up功能,即自动为你的随乘随付账户中充值。当余额低于8镑时,你的牡蛎卡就会被自动充入20英镑或40英镑(根据你的设置)。

第6章 熟悉你自己的城市

上一章向大家介绍了英国的交通，相信你已经对出行有了初步的了解，出门就不会茫然不知所措了。所以无论是本地出行，还是长途旅游，希望你都能一路顺风，尽情领略异域文化和风土人情。

不过建议你首先熟悉熟悉你所居住的城市，了解一下生活环境，毕竟是今后较长时期学习、工作的地方。许多需要考虑的事情涉及到日常生活各个方面，比如购物、健身、休闲娱乐等等。

6.1 购物

英国比较大的连锁超市（supermarkets）有Tesco、Sainsbury's、ASDA和Waitrose，它们类似中国的红旗、互惠和好又多。这些超市主要经营食品，因为英国没有太多中国那种菜市场，蔬菜、水果、肉类都是在超市销售。食物品种齐全，有新鲜的，也有现成做好了的（ready made meals，你只需要放进微波炉或者烤箱加热就可食用），还有各种零食，像土豆片、饼干、巧克力等等。 我们中国人的主食—大米也能在这些超市买到。当然也有日常生活消费品，比如沐浴液（body wash 或者shower gel）、洗发水（shampoo）、牙膏（toothpaste）、卫生纸（toilet rolls）等洗漱卫生用品（toiletries）。总之，这些超市和中国的差不多，生活必需品样样俱全，比较方便。

另外,你还可以在Marks & Spencer's(M&S,即玛莎)买到食物。玛莎是英国本土的零售商,可以算是英国文化的一部分。它既是百货商店,也是食品商店。

英国还有专门销售化妆品和日用品的超市,Boots和Superdrug。化妆品像大家熟悉的Dior、Estée Lauder、Lancôme、L'Oréal等国际品牌,到英国本土品牌Barry M、Collection 2000、Miss Sporty、2 True都应有尽有。爱美女士可以尝试一下。

英国服装连锁店主要有H&M、Next、Primark、River Island、Warehouse、ZARA等等。要了解英国时尚潮流,可以去服装购物中心,用一天的时间就可以体验英国当前最流行的东西。

有一点值得注意的是,英国购物中心和超市的营业时间(opening hours或opening times)普遍比中国短。购物中心一般在下午6点就关门了,也有少

熟悉你自己的城市

熟悉你自己的城市

数个别会营业到晚上8点或9点。具体信息你需要留意购物中心的告示栏,一般在进门处都会标明。不过每逢星期四,购物中心都会延长其营业时间到夜间。还有在圣诞节前半个月左右,全国购物中心每天都会营业到晚上9点左右,以刺激节前消费。

超市的营业时间比服装商店稍长一点,有的营业到晚上11点,有的到晚上8点,具体时间会根据所在城市、所处地段不同而不同。你可以用Google上网查询当地各超市营业时间,比如输入"Sainsbury's opening times Brighton"或者"Tesco opening times

指示标志

authorized personnel only	闲人免进
beware …	请注意
danger	危险
emergency exit	紧急出口
entrance	入口
exit	出口
forbidden	禁止

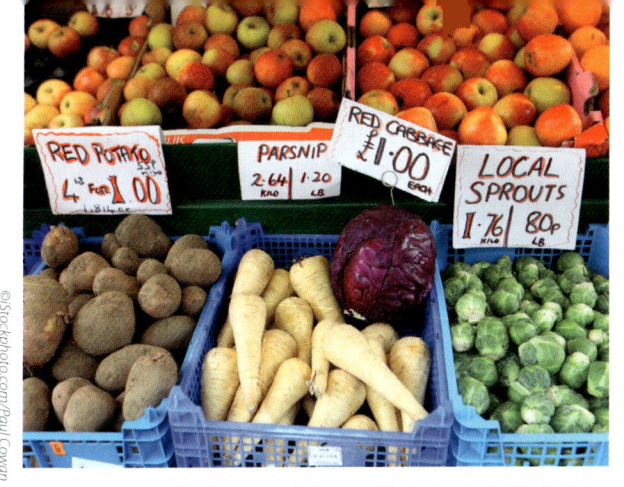

©iStockphoto.com/Paul Cowan

Manchester”等等。网页会列出你所在城市该连锁超市的清单，你再找出你想要去的商店所在街道即可。

如果超市已经关门，或者你觉得超市太大更喜欢去逛小一点的地方，你还可以选择杂货小店，英国有很多这种卖一些基本生活用品的杂货小店，一般都是印度人或巴基斯坦人开的，营业时间很长，通常是通宵营业：正如英国人所讲的“24/7”，即一周7天，每天24小时都开门营业。

虽然不像在中国去菜市场买东西那么普及，近几年来英国也出现了越来越多的“农夫市场（farmers

keep off	禁止靠近
keep out	禁止入内
no entry	禁止入内
no exit	此路不通
out of order	故障停用
private	私人专用
staff only	工作人员专用
way in	入口
way out	出口

markets)"。这种市场一般每周开放一次，直接销售农民生产的食物，而不是像连锁超市那样向农民大量订购食物再销售。所以除了去超市购物，还可以选择农夫市场。它们在英国已越来越流行，特别是在那种把超市建在镇边或镇外的小城镇，必然更加受欢迎。因为对那些没有汽车不方便外出、不方便把买的东西搬回家的城镇居民来讲，超市几乎毫无用处。

6.2 健身中心

都说身体是革命的本钱，这句话放在哪里都不会错。英国人就非常喜欢运动。走在英国街头，你可能经常碰到一些穿着慢跑服、戴着耳机一边听音乐一边慢跑的英国人。即使是寒风凛冽的冬天，无论男女，许多人都坚持慢跑锻炼。我们在一旁看着觉得好冷，可他们依然一副悠然自得的样子，似乎很享受运动所带来的快乐。

除了在户外运动，英国人也喜欢去健身中心锻炼身体。如果你觉得室外运动比较冷的话，那么去健身中心是理想的选择。英国每个城市都有健身中心（sports centre 或者 leisure centre），设施和中国的差不多，规模也有大型、中型、小型之分。大型的一般有游泳池（swimming pool）、健身房（gym）、网球馆、羽毛球馆、篮球馆和室内足球馆等。一些小型的可能就只有健身房。英国也有很多独立的游泳馆。你可以根据自己的需要和爱好，上网查询一下你所在城市各健身中心的地址、具体运动设施和营业时间等等。

健身中心和游泳馆的门票一般在4、5英镑左右，这些都是一次性使用的，属于casual session，比如你可以选择casual fitness（临时健身）或者casual swimming。这里的"casual（临时的、不定期的）"是指那些除健身课或者游泳课以外而向公众、非运动俱乐部成员开放的运动时间。如果你希望定期或者长期健身，则可以加入某健身中心运动俱乐部（take out membership）。成为俱乐部会员之后，就可以享受各种优惠或者拥有月票、年票等。入会详细情况你可以咨询健身中心工作人员。

> 当地市政部门计划削减经费，很多图书馆将会面临关门危机。这只会逐渐毁掉英国的文化根基。

熟悉你自己的城市

6.3 图书馆

在英国，你一定会发现很多当地人坐火车、地铁和公共汽车时都会看报纸或读小说。英国人业余时间除了健身也非常喜欢阅读，有一些人还经常去图书馆。英国的公共图书馆是免费向公众开放的。你只需要出示任何一种可以证明你地址的文件（比如近三个月的银行账单、电费、煤气费账单或者租房合同）就可以注册，并得到一张图书馆卡。这张图书馆卡可以让你借阅当地社区联盟的任何一家图书馆的图书、报刊和杂志，使用音像资料，浏览在

英国街头常见景象：慢跑者

熟悉你自己的城市

线资料库等等。在图书馆里，也可以享受免费上网。具体各地图书馆信息你可以用Google搜索。

6.4 博物馆和美术馆

要认识一座城市，最好的去处就是博物馆。英国几乎每个城市都有博物馆，是世界上博物馆最多的国家。博物馆里收藏了最富有代表性的珍品，它们极具历史性、艺术性和科学性，可以帮助你全面了解英国的历史与文化。在你紧张的学习、工作闲暇之余参观博物馆，不仅能够开扩眼界，增长知识，还可以陶冶情操，享受一下神圣、幽雅的气氛。

> 图书馆和博物馆都免费。

英国博物馆种类也很多，有综合类博物馆，展示自然、历史和艺术方面的收藏品，比如堪称世界最高水平的博物馆——大英博物馆（The British Museum）以及伦敦博物馆（The Museum of London），牛津的 The Ashmolean Museum，苏格兰国家博物馆（The National Museum of Scotland，在爱丁堡）、阿尔斯特博物馆（The Ulster Museum，在北爱尔兰Belfast）等等；还有主题性博物馆，专门展示某一类别的文物，比如交通博物馆（The Transport Museum），科学博物馆（The Science Museum），儿童博物馆（The Museum of Childhood）等等。

如果你对艺术作品特别感兴趣，那么千万不要错过英国的美术馆。美术馆内名家作品琳琅满目，是你了解欧洲绘画与艺术的理想场所。著名的有伦敦的国家美术馆（The National Gallery）、国家肖像画廊

熟悉你自己的城市

探索艺术与文化

（The National Portrait Gallery）以及爱丁堡的苏格兰国家美术馆（The National Gallery of Scotland）、苏格兰国家肖像画廊（The Scottish National Portrait Gallery）等等。另外，很多英国的博物馆和美术馆是连在一起的，比如Birmingham Museum & Art Gallery（伯明翰）、Cardiff National Museum & Gallery（卡迪夫）、Kelvingrove Art Gallery & Museum（格拉斯哥）。

英国的博物馆和美术馆（除了馆内有特别展览以外）都是免费向公众开放的（free entry或free admission）。周一至周五工作日开放时间和周末的开放时间是不一样的。你可以登录当地博物馆和美术馆的官方网站查询具体信息。

总之，参观博物馆、漫步画廊，就像是漫游历史、艺术和人类文明的长河，你可以穿越时空的界限，通过文物与历史对话。更重要的是，它们是人类跨文化交流的重要平台，是你了解世界、认识世界的一扇窗口。

第7章 理财

无论在哪里，我们的日常生活——衣、食、住、行都离不开花钱消费。因此到了英国，你一定要尽快去银行开设账户、办理银行卡。把钱存入银行，是你保管生活费和学习费最安全的方式。即使你不是学生，你的工作收入也同样需要银行卡来管理。

英国的银行有Barclays、Lloyds TSB、NatWest，还有我们中国人比较熟悉的HSBC（汇丰银行）。苏格兰地区还有The Bank of Scotland（苏格兰银行）The Royal Bank of Scotland（苏格兰皇家银行）。北爱尔兰地区有First Trust Bank以及Ulster Bank。

7.1 开设银行账户

上述银行在各城市都有许多支行，你可以选择距离你的生活区域最近的银行开户。一般你需要前往银行预约开户的具体时间。开设银行账户时你需要填写申请表，并向银行提供一些个人原件材料。银行不会收取你的原件材料，只会保存其复印件，为你银行账户个人资料备份。原件材料包括：

©iStockphoto.com/Maria Toutoudaki

1. 护照
2. 就读学校录取通知书或工作证明
3. 住址证明。住址证明可以是你的房屋租赁合同，也可以是学校为你提供的学校宿舍证明信，或者警察局注册证明，即PRC（请查阅第2章）。

英国银行账户类型基本有两种：流动账户（current account）和储蓄账户（savings account）。流动账户是用来处理日常资金流动的账户，比如提取现金，电话付费，网上交易（to pay on line），转账业务等等。储蓄账户则是你用来管理大量存款的账户。虽然某些储蓄账户的利息是固定的，但大部分储蓄账户的利息一般都会随时间变化而变化，而且你还不能立即从利息较高的储蓄账户中取款。因此，除非你有大量的钱，并且在数月甚至数年内你都不需要取用的话，那么选择一种便捷速取的储蓄账户（instant access accounts）是最好的。所以我们建议你同时开设流动与储蓄两种账户，你可以在流动账户上存一小部分钱，用作日常开销，其余的则全部存在储蓄账户里。当流动账户里的钱用完时，再转入储蓄账户里的一部分钱，这样既方便又安全。

开户之后，银行会将银行卡邮寄到你的住址处。流动账户客户会收到一张借记卡（debit card）。借记卡卡上会标有sort code（银行代码，不同银行有不同的代码，一般是6位数字）、你的姓名、你的账户号码（8位数字）和卡号（16位数字）以及该卡使用起止时间（VALID FROM和EXPIRES END）。在卡背面，还有3位安全码数字。借记卡能代替现

理财

金使用，你可以用它来支付各种消费，比如商场购物，这和我们国内所说的"刷卡"是一样的。你还能用借记卡在自动提款机ATM（cashpoint或cash machine）上提取现金、电话购物和网上购物。

不过储蓄帐户所对应的银行卡就只是普通用来存钱取款，而不能用来刷卡或者网上购物。

之后你还会收到你银行卡的personal identification number（个人身份识别号，即PIN）。PIN相当于我们中国使用的账户密码，以保护你的银行卡不会被他人使用。但是在英国，这种密码是银行邮寄给你，而不是像在中国，密码由自己设定。在取款机上提取现金或者商场购物刷卡付费时都会要求你输入PIN，所以一定要妥善保管你的个人识别号。另外你也可以使用自动取款机更改这个识别号。

7.2 支票本

一般流动账户客户会收到支票本（cheque book）。在使用时你需要在Pay后面空白栏填写收款公司的名称或者某个人的姓名，然后再写需要转账的金额，这个特别注意要用英语把具体数字写出来（number in words），而不是阿拉伯数字，

指示标志

ATM	自动提款机
buying rate	买入汇率
cash point	现金提取处
exchange rate	外汇兑换率
selling rate	卖出汇率
VAT	增值税

例如：pay … Michael Tanner Ltd. fifty-six pounds and thirty pence。代表金额的阿拉伯数字则是填写在英镑符号 £ 后面的空白栏。另外，你还需要填写日期。日期的填写方式和中国不同，英国人习惯先写日，再写月，最后写年，即 dd/mm/yy，例如 28/05/11。

如果你使用支票支付购物消费，你同时还需要出示你的银行卡。不过，这种支付方式在英国已经越来越少见了，所以要是某个商场拒绝接收支票，你不要觉得奇怪甚至不高兴。

7.3 银行清单

银行会定期将你的银行清单（bank statement）邮寄到你的地址。一张清单会列出一段时期内你银行账户所有的交易活动情况（account activity），包括支出（paid out），比如取款、刷卡消费、网上交易；和收入（paid in），比如存款、获得退款（refund）；以及起止日期这两天的帐户余额（balance），而且每项支出和收入交易都有具体的交易日期和金额。

你还可以在线查看你的银行清单，这在英国是越来越普遍了（可以减少纸张使用）。

> **关键词**
>
> | | |
> |---|---|
> | checking account | 流动账户 |
> | credit card | 信用卡 |
> | current account | 流动账户 |
> | debit card | 借记卡 |
> | deposit account | 储蓄账户 |
> | direct debit | 直接借记 |
> | PIN | 个人身份识别号 |
> | savings account | 储蓄账户 |
> | security code | 安全码 |
> | standing order | 定期付款委托 |

7.4 直接借记和定期付款委托

你的流动帐户（current account）还可以实现两种支付功能：直接借记（direct debit）和定期付款委托（standing order）。

前面第3章曾提到过你的房东可能会要求你用direct debit这种转账方式来支付房租。具体说来就是房东会向银行提出申请，要求在每月某一天把租金从你的账户转入他的账户里。如果同意这种转账方式，你需要填写一份直接借记指示表格（direct debit mandate）并在同意书（agreement form）上签字。直接借记表格里包括你的银行地址、银行账户号码、银行识别码、转款金额、转款日期、转款周期（选择monthly，即每月）、你的住址和邮编等等。在签字前，请你仔细阅读同意书中的直接借记保证书（direct debit guarantee）。这个保证书旨在保护付款人的合法权益，例如付款人可以收到提款确认和提款更改信息，还可以获得退款，取消借记等等。 经过你的授权之后银行就可以在每月预定的某天将一定金额的钱款（租金）从你（付款人）的账户转到房东（收款人）的账户里。

其实英国direct debit 使用很广，很多通信公司、网络公司都是用直接借记向客户收取每月手机话费或者网络费（请查阅第9章）。

如果说直接借记表示收款人（payee）直接从付款人（payer）的账户中提款，那么定期付款委托（standing order）则相反，是付款人指示其银行定期向收款人的帐户付款，付款的金额也是固定的。付款人需要填写的定期付款委托书（standing order form）包括付款人和收款人的账户信息（银行名称、银行识别码、银行账户）、付款金额、付款频率（frequency: weekly, monthly, quarterly…每周、每个月、每季度…）等等。所以你也可以用这种方式支付房租。

定期付款委托和直接借记的主要区别在于：定期付款委托是付款人同意向收款人支付固定金额的钱款，所以定期付款委托不适合支付像手机通话费这种每月消费金额不固定的账单。显然直接借记则更适合，因为收款人该收付款人多少钱，他就能从付款人账户中提取多少钱。

7.5 网上付费

英国网上购物很普遍。在网上你几乎可以买到任何东西。很多商家都有送货上门服务（home delivery service），非常方便。网上购物同样需要你的流动帐户借记卡（debit card）。付费方式和中国的差不多，付费页面会要求你选择你的银行卡种类（请选择debit card），输入卡号、卡到期月份和年份（EXPIRES END）以及卡背面签名栏处最后3位数字（security number）。

理财

7.6 信用卡

同中国一样,英国银行也有信用卡服务。信用卡其实是一种向银行借钱的形式,和你银行账户没有关联。你不需要存款就可以提前消费,比如刷卡购物、在自动取款机上提取现金等等。你只要按期向银行归还消费的金额就可以了。

在月底,银行会给你邮寄一张清单。清单会写明你在一个月内使用信用卡消费了多少钱。向银行还钱付款时,你可以做出选择:你既可以一次全部还清,也可以先还一部分(银行会设定你必须支付的最低金额)。如果你决定先只还一部分,那么银行就会向你收取你未付款的利息(而且利息相当高)!难怪在英国就有很多因为信用卡负债累累的人,因为他们根本还不起。

不过英国银行在向个人发行信用卡时,会考察你的收入状况和信用记录历史。这一点和在中国申请信用卡是一样的,所以对非英国国籍公民(non-UK resident)来讲,在英国申请信用卡会非常困难。其实,你在国外也不是非要使用信用卡。人在国外,保管好生活费、学费或者工资才是最重要的,没有必要"提前消费",毕竟使用信用卡存在一定的风险。

> **记住!**
> 应该不会有人向你索要你的PIN,即你的个人身份识别号。一定不要告诉任何人你的PIN。如果真的有人问你,那么他肯定是不安好心!

如果是电话购物,例如购买音乐会入场券,这种情景会有以下对话:

问: Which type of card do you have? Credit card or debit card? Visa, Mastercard?
你有哪种银行卡？信用卡还是借记卡？是Visa卡，还是万事达卡？

答: It's a Visa debit card.
我的是Visa借记卡。

问: Can you tell me the name on the card, please?
请告诉我持卡人的姓名。

问: Could you spell that for me?
你能告诉我怎么拼写吗？

问: Thank you. And can I have the long number on the front of the card, please?
谢谢。能告诉我你银行卡正面上的一串数字（即卡号）吗？

问: Thank you. And the expiry date?
谢谢。（你的银行卡）到期日期是多少？

问: Thank you. And the valid-from date?
谢谢。生效日期是多少？
（一般你很少被问到这个问题）

问: Thank you. And the three-digit security number on the back of the card?
谢谢。请再告诉我卡背面的3位安全码。

问: That's fine. Thank you. That's £47.50 debited to your Visa Card. The tickets can be collected at the box office any time after 6.30 tonight.
很好。谢谢你。我们将从你的Visa卡账户中提取47.5英镑。今晚6点半以后任何时间，你可以在包厢办公室领取入场券。

第8章 健康

人在异国,除了努力学习、努力工作,也要爱惜自己的身体,健康状况不容忽视。毕竟,身体是革命的本钱。到了英国,建议你尽快办理医疗注册。不要等到生了病才想起要解决自己的健康问题。

这里的医疗服务系统与中国的不同。英国有地区统一的医疗管理机构。英格兰、苏格兰和威尔士的机构叫做National Health Service(国家健康服务,即NHS)。北爱尔兰的叫做Health and Social Care(健康与社保,即HSC)。这些医疗机构主要通过3种途径为公众提供医疗服务(medical treatment):

1. GP诊所或健康中心GP's surgery或health centre
2. 医院Hospital
3. 事故急救部门 Accident and Emergency (A&E) departments

在中国,要是生了病你可以直接去医院挂号即可就诊;在英国,要是有什么不舒服,你需要先同你自己的GP联系。(当然,我们希望你根本用不着)。所以你必须先与当地的GP注册。

8.1 注册

在注册前，你需要登录NHS或HSC的官方网站（英格兰www.nhs.uk，威尔士www.wales.nhs.uk，苏格兰www.nhsinform.co.uk，北爱尔兰www.n-i.nhs.uk）寻找你住处附近的General Practitioner（GP）诊所地址和联系电话。GP是全科医师的意思，是具有丰富经验、可以诊断并处理许多常见病的医生。GP工作的诊所就叫做surgery（也有的是在Health Centre）。

前往当地surgery（或Health Centre）注册，你需要带上护照、学生证或者工作证明、地址证明（房屋租赁合同书）。注册之后（register with a GP），你将会收到一张医疗卡（NHS medical card或 HSC medical card），上面有你所注册的诊所或健康中心的信息、你的姓名、地址以及你的NHS number (HSC number)（苏格兰地区为CHI number）。这个NHS（HSC，CHI）号是医务人员记录你的健康资料，并将资料归档所需要使用的。

> Good morning, I'd like to register with a GP.
> 早上好，我想与全科医生注册。

健康

注册后，你将免费享受以下NHS (HSC) treatment（医疗服务）：

1 请全科医师诊治（consulting a GP）
2 所有医院治疗，包括任何急救和非急救治疗（both emergency and non-emergency treatment in a hospital）。

健康

关键词

appendicitis	阑尾炎
asthma	哮喘
conjunctivitis	结膜炎
cystitis	膀胱炎
dermatitis	皮炎
diabetes	糖尿病
dizziness	头晕
gallstones	胆结石
insomnia	失眠
irritable bowel syndrome	结肠躁郁症
mumps	腮腺炎
palpitations	心悸症
scabies	疥疮
shingles	带状疱疹
sinusitis	鼻窦炎
swollen glands	腺体肿胀
thrush	真菌性口炎
tonsillitis	扁桃体炎

8.2 如何就医

如果你有哪里不舒服，你首先要联系你的全科医师（GP），预约看病时间。这是英国就医的第一程序。在非紧急情况下，一般全科医生会在几天内为你就诊，并给你开用药处方（a prescription）。用药按处方条数计费（charged by the item），英格兰地区每条是7.2英镑（2011），苏格兰是3英镑（2011），威尔士和北爱尔兰地区用药是免费的（前提是你已与当地GP注册）。

如果全科医师认为你还需要进一步治疗，那么他会为你请医院（hospital）的专科医生（specialist）为你诊治。你需要按照预约，前往医院就诊。

如果你需要在GP's surgery（或health centre）的非门诊时间（out-of-hours），比如

晚间、周末或节假日看病，那么你可以拨打你GP诊所（或健康中心）的联系电话，自动答录机会告诉你关于当地out-of-hours medical services（非门诊时间医疗服务）的信息。另外，如果你在英格兰或威尔士，你还可以拨打NHS Direct 的24小时服务电话（08454647）寻求医疗帮助。如果你在苏格兰，你可以拨打NHS 24 的服务电话08454242424。如果你在北爱尔兰，你可以拨打GP Out-of-Hours的电话（www.gpoutofhours.hscni.net）。无论是NHS Direct（NHS 24），还是GP Out-of-Hours，都是全年365天24小时为公众提供专业健康建议和信息。你拨打了这些电话之后，专业咨询师或者医生会根据你的情况，给你提出一些建议或者采取相应的医疗措施，比如：

健康

在英国，999是需任何应急服务时可拨打的电话号码

1 指导你去就近的药店（pharmacy）取药
2 指导你去提供非门诊时间医疗服务的机构就医，比如Out-of-Hours Centres、NHS Walk-in Centres（仅英格兰地区）、A&E Department、Casualty（急症室）或者Minor Injuries Unit
3 安排专业医生上门就诊
4 派遣救护车（ambulance）

　　如果是非常紧急的状况需要急救，比如骨折（fracture）、阑尾炎（appendicitis）等，请直接拨打全英国通用急救电话999。所有NHS（HSC）的A&E急救治疗都是免费的。

还需要指出的是，如果你生病了、受伤了，或者出了什么事故，即使还没有与GP注册也不用担心，你可以直接前往A&E 事故急救部门就医，医生或护士将会照料你。最危急的患者都能获得优先权。

8.3 中医

另外，英国很多城市都有中医诊所（traditional Chinese medicine clinic）。如果你想看中医吃中药，那么你可以用互联网在线查找你所在城市的中医诊所地址和联系方式。你只要输入"traditional Chinese medicine clinic"加上城市的名称，网页就会列出搜索结果。当然，你自己需要承担诊断费用和药费，中医诊所和NHS（HSC）是没有关联的。

8.4 口腔保健

由于GP不负责牙科服务（dental service），所以你有可能需要看牙科医生或者做口腔检查。你可以登录NHS或HSC的官方网站（网站地址请查阅本章8.1）查询你所在地牙科诊所（dental surgery或dental practice）的地址和联系电话。

英国牙医为公众提供两种治疗服务，NHS (HSC) 医疗服务（NHS或HSC treatment）或者私人服务（private treatment）。你需要咨询当地牙医是否愿意接受你为他的NHS (HSC)

医院指示标志 健康

A&E (Accident and Emergency)	急诊室
Cardiology	心脏科
Casualty	急诊室
Dermatology	皮肤科
ECG (Electrocardiography)	心电图
Endoscopy	内镜检查
ENT (Ear, Nose and Throat)	耳鼻喉科
GP	全科医生
Gynaecology	妇科
ICU (Intensive Care Unit)	重症监护区
ITU (Intensive Therapy Unit)	重症治疗区
Medical Wards	内科病房
MRI (Magnetic Resonance Imaging)	磁共振成像
Neurology	神经科
Neurosurgery	神经外科
NHS	国家健康服务
Obstetrics	妇产科
Occupational Therapy	职业疗法
Oncology	肿瘤科
Orthopaedics	整形外科
Orthoptic Clinic	视力矫正科
Outpatients Clinic	门诊部门
Paediatrics	儿科
Pharmacy	药房
Physiology	生理机能科
Physiotherapy	理疗
Radiology	放射科
Renal Dialysis Unit	肾透析区
Surgical Wards	外科病房
Theatre	手术室
Urology	泌尿科
X-ray	X光照片

健康

patient（NHS病人或HSC 病人）。如果你被接受，你可以享受所有NHS或HSC提供的治疗服务并只承担一部分治疗费用。但是如果你没有被接受，那么你就相当于是医生的私人病人（private patient），需要承担全部治疗费用。

8.5 配眼镜

如果你需要配眼镜，可以去眼镜行。英国有许多专业眼镜行，大的小的都有。有些眼镜行是连锁的，类似我们中国的精益眼镜行，而且在英国每个城市都开有很多分店，通常你去商业中心或者商业街都可以找到。

在英国配眼镜程序和中国一样，验光师（optician）先会为你做视力检查（sight test、eye test或eye examination），这个相当于我们国内所说的"验光"检查，收费为20镑左右（许多眼镜行有促销活动，比如免费验光free eye test或半价验光half-price eye test）；然后根据检查结果，配制适合你视力的眼镜。你可以挑选喜爱的眼镜架（frame）以及玻璃镜片（lenses）种类，也可以选择隐形眼镜（contact lenses）。

第9章 通讯

9.1 手机

英国手机市场与中国手机市场不同。在中国，我们可以去百货商场电器专柜或者手机专卖店挑选手机。在英国，手机是由通信网络运营商负责销售的。这种通信运营公司类似我们中国的移动通信公司和联通公司，比如3公司、Vodafone、O_2、Orange、T-Mobile和Virgin。它们不仅销售手机，更主要的是提供通信网络服务。另外，还有像Carphone Warehouse，Phones 4U这种手机连锁店。在这些连锁店，客户不仅可以选择各品牌手机，也可选择通信运营公司。所以，你购买手机，就可前往各通信运营公司商店以及手机连锁店。

9.1.1 随用随付

英国购买手机有两种方式：随用随付（pay as you go）和月付（pay monthly）。随用随付表示你购买手机（handset）和SIM卡（SIM card），然后使用多少就扣多少话费（credit），包括通话（calls）和短信（text messages）。话费用完再充值（top up）即可。不过随用随付手机拨打电话和发短信相对来说比较贵，选择月付手机会比较划算，但是需要签合同。

通讯

9.1.2 月付手机合同

月付，顾名思义就是按月付费，你还能免费得到一部最新款的手机。合同到期后，手机还是你个人的。所以这种月付手机也叫合同手机（contract mobile phones）。每个月的话费取决于你所选择的月付计划（pay monthly plan）或价目类型（pay monthly tariff）。这种plan或者tariff就相当于我们国内所说的话费"套餐"。一个tariff里会提供免费通话分钟数（free minutes）、短信数和互联网数据流量（Internet data）。每个通信公司都有很多种tariff供客户选择。你可以比较比较这些"套餐"，看哪一家、哪一种更省钱、更适合你。

比较tariff时，你需要注意的是：

1 免费分钟数是拨打所有通信网络手机（any UK network）还是本网手机（3-3 minutes，Vodafone-Vodafone minutes）还是座机电话（landline）

2 和免费分钟数一样，短信是针对所有通信网络（any network texts）还是本网（O_2-O_2 texts）

3 一般互联网数据流量你可以选择5000Mb或者1Gb

4 tariff是12个月、18个月、还是24个月的合同期限。月付手机合同最短期限（minimum term）是12个月，这种tariff每个月话费会相对贵一些，而24个月的就会略便宜一点。

> **关键词**
>
> handset 也是手机的意思，比如店员会对你说，如果你选择按月付费，你就可以免费得到一部手机（handset）。

你可以根据需求选择"套餐"，然后签定月付手机合同书（pay monthly contract）。合同书包括你选择tariff的服务明细（如免费分钟数）、合同期限、保修书（warranty）以及付费方式。一般通信公司都是通过直接借记（direct debit）向客户收取每月话费（请查阅第7章直接借记）。因此你需要提供你的银行帐户信息、填写直接借记指示表并在同意书上签字。另外，你也要仔细阅读合同书中的各项条款（terms and conditions），以减少麻烦。有任何疑问，请咨询通信公司工作人员。

9.1.3 随用随付与月付相比

当然如果你把国内的手机带到了英国，只要买一张新SIM卡，存入话费，就能使用了。随用随付还是最方便，即到即用。如果签合同手机，则必须要等到开设了银行帐户之后才能使用。要是你在英国学习或工作一年以上，选择月付手机还是比较划算的，毕竟有很多tariff可以选择，最重要的是能享受免费通话和短信。

9.1.4 随用随付手机充值方式

如果是随用随付手机客户，你可以通过多种方式为你的手机话费充值（top up the credit）。但是你需要知道，不是所有的手机通信运营商都提供以下全部5种充值服务方式。

通讯

1 在线充值：登录你的通信运营商的官方网站（例如，Orange，O₂，Vodafone等等），点击"web top-up（网上充值）"或者"online top-up"。在线充值时你需要提供你的银行借记卡或信用卡信息。

2 电话充值：通信运营商会提供客户一个充值电话号码，客户拨打该号码即可充值。同样，你需要提供借记卡或者信用卡信息，拨打充值号码后请按电话声讯指示操作。

3 使用充值券：你可以在你的通信运营公司商店和任何有绿色充值标志的商店（超市，报刊销售店等等）购买充值券。你可以选择充值金额（比如10英镑，20英镑），并按充值券上的指示进行操作。一般充值券上都有一个免费呼叫号码和一长串数字组成的充值码。请拨打该呼叫号码，输入你的充值码。

4 刷卡充值：一些随用随付手机还同时提供客户一张充值磁卡。如果没有，你可以向你的手机运营商或者任何有绿色充值标志的商店索要。这种充值卡看上去和信用卡差不多（不过当然不是信用卡）。使用该卡充值，你首先需要激活这张卡，使它与你的手机号码关联起来。激活程序也很简单，你按照卡上的要求进行操作即可（如果你前往你的手机运营公司商店，销售人员会帮助你）。卡一旦激活后，你只需前往有绿色充值标志的商店，把卡交给店员，并告之你需要充值的金额。店员刷卡之后，你的手机就会自动充上话费。你还会得到一张收据。

5. 使用自动提款机充值：你还可以使用任何有绿色充值标志的自动提款机给手机充值。在提款机上插入你付款的借记卡或信用卡，输入你的个人身份识别号（PIN），再选择"mobile phone top-up"，按屏幕提示进行操作。它会让你选择你的手机运营商，输入你的手机号码。

通讯

9.2 互联网

9.2.1 无线上网

在英国，无线（wireless）网络非常普遍。很多家庭都使用无线宽带（wireless broadband）上网。它的好处在于不需要网线就可以满足家庭内多人同时浏览互联网。只要将无线路由器（wireless router）连接到电话线接口或者有线电视光纤（cable）接口，启动你笔记本电脑（laptop）的无线网络设置，该设置就会自动搜索到网络信号，再输入路由器所对应的密码（password），即可上网。

至于路由器是安装到电话线接口还是光纤接口，取决与网络运营商。主要的网络运营商有BT，O_2，Sky，TalkTalk，Virgin，BE等等。例如，BT公司是通过电话线（phone line）向用户提供网络，而Virgin公司则是通过cable提供网络。

在公共图书馆，你可以免费上网。

如果你居住的地方没有安装无线网络，那么你需要联系网络运营商。你有任何疑问，可以咨询运营商工作人员，他们会帮你解决有关网络的一切问题。

和购买月付手机类似，你需要选择宽带"套餐"（broadband deal），比如带宽（10Mb或20Mb）

通讯

以及下载量,并且与网络运营商签定合同。网络公司每个月也会用 direct debit 方式从你银行账户里收取网络费用。

你还需要注意,并不是在所有地方网速都是一样的。这取决于你居住地区的电话线路。

另外,你可能会在图书馆、咖啡厅(café)等公共场所看到一个"Wi-Fi"标志。该标志就表示你的笔记本电脑可以在此处以无线方式连接到互联网。

这里是在某网络运营公司商店,工作人员(甲)和客户(乙)之间的典型对话:

甲: Can I help you?
我能为您服务吗?

乙: I want to have wireless broadband in my house.
我想在家里安装无线宽带。

甲: Sure. Could you please tell me your postcode?
好的。你能告诉我你家的邮编吗?

乙: It's NW5 6GP.
是NW5 6GP。

甲: Two seconds, please. I'll check it for you. Well, your house is in our network area. Good. Is there a phone line in your house?
请稍等。我帮你查一下。嗯,你家在我们的服务网络区域内。太好了。你家有电话线吗?

乙: Yes, there is.
我们有。

甲: Good. We'll provide you with a router.
很好，我们会给你一台无线路由器。

乙: Will you help me with the router? I don't know how to set it up.
你能帮我搞定路由器吗？我不会安装。

甲: It's really very simple. The written instructions are very clear. But if you do have a problem, get back to us and we can send an engineer. But there would be an extra charge for that.
安装路由器非常简单，说明书写得很清楚。要是你真不会弄，请告诉我们。我们会安排技术人员上门为你服务，不过得另外收费。

乙: Thanks. I might take you up on that.
谢谢。我可能需要你帮忙。

甲: Ok, could you please choose your broadband deal? Each deal has its own price, speed and the amount of downloads.
（给客户看套餐价目表）嗯，请选一下你的宽带套餐。不同的套餐有不同的价格，网速和下载量。

乙: Thank you. Maybe this one.
谢谢。选这个吧。

甲: Fine. You get your router free, 20Mb download speed, unlimited downloads, and only 15 pounds a month!
看起来不错。免费路由器，20Mb网速，无限下载，每个月才15镑！

乙：Excellent. I'll take it.
很好。就它了。

甲：Is there anything else I can do for you?
还有什么需要我帮忙吗？

乙：No, that's it, thanks.
没有了，谢谢。

甲：Goodbye. Have a nice day now.
再见。祝你愉快。

9.2.2 移动宽带

如果你携带笔记本电脑常常在外头跑，想随时查看邮件或者上Facebook聊天，那么移动宽带可以帮助你登录互联网。你需要购买一个特殊的USB棒（即我们国内所说的U盘），也叫软件狗（dongle）。你可以选择各种移动宽带套餐并签定套餐合同，价格取决于你的合同和下载量。下载量较少的处理邮件完全可以，但如果想使用Skype网络电话或者下载很多音乐，就需要较高的下载量。无论你是在乡下度假，还是在公园长椅上休息，或者是在一个没有线路上网的房子里，移动宽带都会带给你随处自由连接因特网的便利。

第10章 想像中的英国和真实的英国

如果描述美国人，我们可能会说他们非常随和直爽；如果描述法国人，我们会说他们非常温情浪漫；如果描述意大利人，我们会说他们非常热情奔放。那么英国人呢？也许你想到的第一个词就是"绅士"，然后就是"矜持"。

10.1 绅士（淑女）与矜持

的确，英国人给世界的印象似乎就是温文尔雅、彬彬有礼的绅士（淑女）形象。这感觉也许源自于英国文学作品吧。你到了英国，你也会发现很多英国人都表现出文质彬彬的绅士风度，显得很有教养。

绅士风度首先体现在讲礼貌上。在公共场所，人们一般都很注意自己的行为举止，都能够互相谦让，讲话也十分客气。例如，走在街上，只要目光相对，路人都会互相微笑打招呼。行人互相让路是常有的事。"Thank you"和"sorry"也是经常挂在嘴边。如果拥挤造成两个人身体或行李的碰撞，被撞的人往往还会抢在对方之前道歉说"sorry"。如果要进出建筑物，或者在任何需要拉门关门的地方，走在前面的人都会自觉扶住门，等待后面的人走上来，并且手接触到门后才放手。后面的人也会礼貌地说声"thank you"。在一些城市，你搭乘

这就是你想象中的英国淑女和英国绅士吗?

©iStockphoto.com/Chris Price

After you – no, after you

公共汽车时也会注意到,正在下车的人往往会回过头,特意向司机说"thank you"或"thanks, driver",感觉很亲切。英国的司机也很有意思,在错车时,都会主动与相向行驶的司机点头微笑示意或者招手打招呼。

在英国,即使是排在缓慢前进的汽车长队中,司机们通常还是会减速让其他汽车从旁路开过来加入到车队中。在人行横道,无论是有交通灯还是没有交通灯,汽车司机也往往会为行人停下来。另外,汽车要是从旁路开过而碰巧有行人想过马路,一些司机也会停下来让行人先通过。不过要是在许多汽车去争最后一个停车位的情况下,司机们可能就不会那么好心了。

在英国,"女士优先"的社会风气也比较浓。例如,男士会主动为女士让路;乘电梯时会请女

想象中的英国和真实的英国

行人在过 *zebra crossing* 时,车流都会停下来。

士先进。乘公共汽车、火车或者地铁时,如果女士站在等车人群的后面(要是人群并没有形成候车队伍的话),那么前面的男士(特别是中年男士或者年纪稍长的男士)往往会让女士先上。不过大部分年轻人很少这样做,只是少数小伙子会知道谦让女士。要是在已经排好了队的情况下,比如是在银行或者邮局,男士让女士优先就不再是义务了,因为排队也有排队的规矩。

英国人的温文尔雅还表现在讲秩序上。乘扶手电梯时,人们都会自觉靠在右侧扶手一边,给赶路的人让出通道。在公共汽车站、银行、售票处和商店,人们也会自觉排队,插队(queue-jumping)这种行为很少见。无论队伍多么长,等待时间多么长,大家都比较安静,没有抱怨。这也许和英国人的性格有关,大多数人都很有耐心。而且在公共场所,人们都压低声音说话,很少大声喧哗或者吵吵闹闹(尽管使用手机正逐渐改变这些传统举止)。

想像中的英国和真实的英国

所以我们会说英国人非常矜持和保守。这一点倒是符合我们的想象。和英国人打交道时，你可能也会发现他们个性一般都比较含蓄内敛，不张扬。的确，英国人从不轻易外露感情，不轻易表达出自己的情绪，也很少激动或者发脾气。

英国人在一起也一般喜欢谈论天气，这一点也是不假。除非是和特别好的朋友或者熟悉的人，英国人都不会和别人谈论涉及个人隐私的话题，例如婚姻、恋爱、家庭或收入状况。因为英国人特别注重个人隐私和个人空间，不会轻易表达自己的喜、怒、哀、乐，也不会去打探别人隐私，或者将自己的观念或者价值观强加在别人身上。那么你和英国人聊天，天气将是合适的话题，这个最不会触及个人隐私，或者你也可以谈论一下足球或者酒馆。

另外，英国人做事情也总是很有耐心，能忍耐，在任何情况下都不面露焦急之色（就像排长队），因此你会感觉他们似乎永远都是从容不迫、有条不紊、非常冷静的样子。例如，银行工作人员绝不会因为排队等待的客户很多而加快速度。他们仍然是按部就班、慢条斯理地处理好每一位客户的业务，并时刻保持笑容。

英国人时间观念也很强，严守时间，喜欢准时。日常工作都严格按照事先安排的日程进行。几乎任何拜会或者业务都需要预约。比如，到银行开户需要预约，找房时想看房需要预约，生病了想看病也需要预约等等。可能我们会认为这样效率比较低，也比较刻板，但在英国人看来，这就是他们传统的办事方式，都习以为常了。

总之，我们可以用"非常有礼貌"、"含蓄矜持"、"保守冷静"、"不外露感情"这些字眼来

典型英国住房

描述英国人普遍的特点。所以,也许你会觉得英国人好像会难以接近或者亲近,毕竟他们不大表现出热情。即使和一些英国人相处了很久,你可能还是不了解他们掩藏在绅士外表下的真正性格特点。

　　以下是一些典型谈论天气的简短对话或者寒暄。要是你能搞定这些,别人听起来,就会觉得你像是真正的英国人在说话。所以尝试一下,像当地人那样说地道的英语吧。

> 对话开始:
>
> Pretty cold for the time of year, isn't it?
> 一年里这个时候居然还这么冷。

想像中的英国和真实的英国

你可以回应：

Yep, certainly not getting any warmer.
是啊，好像都不会再变暖了。
So much for global warming, eh?
我们受够了全球温室效应，是吧？
It is. But it might mean we're in for a hot summer.
是的。也许今年夏天会很热。

对话开始：

Is it ever going to stop raining?
雨会停吗？

你可以回应：

Good for the garden, eh?
对我们的花园倒是挺好的，是吧？

对话开始：

Nice to have a bit of sunshine at last, isn't it?
终于我们有了些阳光，还是不错吧。

你可以回应：

Isn't it gorgeous! Beautiful day!
真让人开心！真是美好的一天！
Makes a change after all that rain, eh?
连续下雨后，老天爷变脸了，是吧？
Let's just hope it lasts.
希望晴天会持续。

对话开始：

Bit of a nip in the air this morning, eh?
早上有点冻啊，是吧？

你可以回应：

Yeah, it's back to winter again.
是呀，好像又回到冬天了。

虽然不是些意义深远或者激动人心的谈话，但是它们可以让你表现出很礼貌、很友好的态度。

在英国你还会发现，尽管英国人的民族特征就是保守矜持，但他们并不介意在公共场合表达他们的爱意。在大街上看见家人或朋友之间亲吻、拥抱，都是很平常的事。

10.2 乐于助人

但是，绝不要因此认为英国人冷淡或者很难相处。其实，许多英国人都很热心、善良、乐于助人。只是他们的热心肠不是用多么激动的语言，而是用实际行动表现出来罢了。

如果你在英国街头问路，你会发现很多英国人都乐意帮忙，耐心解答你的疑问，甚至有的会亲自把你送到目的地（一路上很有可能都和你谈论天气）。有时，你站在路边看地图，有人还会主动过来和你打招呼，对你说 "Need help?（需要帮忙吗）"，让人倍感温馨。同样，在公共汽车上，如果你向某位乘客问路，周围乘客听到了，会主动跟你讲话，告诉你该怎么走或者在哪里下车。

再告诉你一些真实的故事。一次在公共汽车上，一位乘客上车时向其他乘客寻求帮助，说他钱包丢了，没有零钱坐车回家了，能不能帮他付车票。于是，至少有4、5位乘客立刻拿出钱包给他找零钱。

还有一次是在格拉斯哥。当时是在晚间，一辆公共汽车开着开着突然停在了马路边。乘客们还以为是汽车出了故障，后来司机解释说是看见有一个人躺在路边，好像是喝醉了，也可能是病了，站都

想像中的英国和真实的英国

站不起来了,还在呕吐,所以他就停车想帮助那个人。然后司机打了电话,说是要等到救护车来了再离开。于是,全车的人都一直耐心等到救护车来,没有人有任何怨言,也没有人下车。

> **向警察问路**
>
> 如果迷路了,看地图也没法解决问题,你可以向警察问路。这在英国是很常见的事,不要被警察的制服吓着了,帮助民众是他们的责任之一。他们也一定乐意帮助迷路的中国客人。

还有这样一个真实的故事。三名中国学生在伦敦游玩,对伦敦不是很熟悉,到了晚上更是看不清路辨不清方向,于是迷了路。她们走了很久也没有找到出租车,可能是越走越离市中心远了。正当她们借用手机屏幕光线在街边研究地图时,有辆车停在了路边。司机主动问她们是不是迷路了,需不需要送她们一程。 于是这三名同学在好心司机的帮助下,安全回到了旅馆。(不过,我们需要提醒你,如果你是一个人,有陌生人提出让你搭顺风车的话,你最好是谢绝他的好意。)

10.3 英式幽默

英国人虽然含蓄矜持,但又不失幽默,具有独特的英式幽默感(想一想英国著名的憨豆先生Mr. Bean吧)。几乎人人都喜欢开玩笑,并能将生活中任何事情当作笑料。

他们的幽默感还特别表现在对坏事的态度与处理上:再坏的事情中都能找到积极的一面,凡事都是朝更好的方向去想。"I've seen worse（我还见过更糟的呢）"遇到任何棘手的事，也总是用诙谐的口吻轻描淡写一下或者自我解嘲，对生活不会太较真儿（refuse to take it too seriously）。也可以说，他们的幽默，是一种语言的艺术。我们可以假设一下：要是哪天某座城市的下水管道系统出了大问题，英国人一定会说"never mind, worse things happen at sea（不要担心，更糟的事是在海上）"！

> 英国人以"stiff upper lip"而著称，换句话说，他们就是很少外露感情。

10.4 名人文化

可能现代英国还有一大特色，即名人文化，它被视为专与传统保守作对。现代英式名人文化就好像是多年以来培养的人格与情感克制的安全阀，好让人们尽情宣泄似的。这种名人文化让很多人在公共场合抛头露面，表达他们的感情与脆弱，描述他们的性生活，宣扬他们的大起大落。没有任何原因，他们就出名了。或者说走红的原因不过是因为他们愿意（以出名作为回报）曝光自己以及他们的个人生活与内心情感。

10.5 醉酒

英国人含蓄矜持，但是他们拥有酒馆这个可以宣泄任何复杂情感的地方。在酒馆里，任何人都能酣然畅饮、畅所欲言，没有一点拘束。泡酒馆不仅仅是为社交，更重要的是可以尽情表达感情并释放自己。

想像中的英国和真实的英国

所以到了英国你就会发现,每当入夜,各地的酒馆几乎间间爆满,充斥着欢声笑语,与我们所想象的矜持含蓄形象格格不入。

但是,也许还有更过分的事情。特别是年轻人,在酒精的刺激下,变得开放、大胆。女孩子们穿着暴露(即使是在下雪的冬天),男孩子们也是奇装异服。他们往往三个一伙,五个一群,从酒馆、酒吧走出来,招摇过市:或向路人大声打招呼、开玩笑,或互相追逐、打闹;甚至是做出一些危害社会安宁的事情(antisocial behaviour),比如破坏停在街边的汽车、打碎橱窗玻璃等等。酒瓶也是被扔得满大街都是。你也常常会看见喝得酩酊大醉的英国人摇摇晃晃地走在街头,神志好像也不是很清醒,看见有过往的行人,嘴里还会嘀咕着什么。更有甚者是醉得完全不省人事,站都站不起来,躺在了马路中央。

也许你会觉得以上的描述和你所想像的英国人有些矛盾,也和白天他们绅士或淑女形象格格不入,但这些都是真实的。不过,英国人并不认同极端行为或者暴力行为,以及因过量饮酒导致的危害社会治安的行为。

所以你想和英国人交往,想多了解英国人,那么去酒馆吧。

其实在英国,醉酒是完全稀松平常的事。喝得醉醺醺、走得东倒西歪不会被看作是一种有失体面或者丢脸的事情。许多有相当身份的英国上流人士外出喝酒夜归时也是步履蹒跚,甚至连拿钥匙对准钥匙孔开门都相当困难。喝酒只是英国人减轻压力、舒缓心情的生活方式。酒馆自由与轻松的独特气氛可以使每个人得以释放。

10.6 与狗一起坐巴士

和中国人一样,英国人也很喜欢动物,很喜欢养宠物,特别是狗。你走在街上,会看见许多英国人牵着狗散步。在公园,也有很多人和狗一起玩耍,狗就好像是他们的朋友一样。其实英国有句谚语:a dog is a man's best friend,说的就是狗是人类最好的朋友。更有意思的是,英国人的宠物是可以和人一起搭乘交通工具的,比如公共汽车、火车和轮船(不过飞机是不允许的)。所以如果你坐公共汽车时看见了狗上车,甚至还和狗(以及狗的主人)坐在一排,不要觉得奇怪。

第11章 英国酒馆

11.1 酒馆的历史和社会地位

Pub这个单词实际上是"public house"的缩略语。在英国,酒馆有极其久远的历史,可追溯到两千多年前的古罗马征服时期古罗马人建立的"tabernae"。到了Anglo-Saxon时代,alehouse开始流行。当时的英国人对一种叫做"ale"的麦芽酒非常着迷。在中世纪,一些被称之为"pubs"或"inns"的酒馆不仅为客人提供食物和酒水,还提供住宿。到了维多利亚时期,特别是在19世纪80、90年代,酒馆得到了迅速的发展。也是在这个时期,"pubs"这个词广泛开始使用起来。

泡酒馆,是英国人最喜欢的娱乐活动。去酒吧喝酒,就像中国人打麻将、去茶馆喝茶或者去KTV唱歌一样平常。酒馆在英国,不仅仅只是卖酒饮酒,而更是英国人聚在一起谈天说地、放松休息的理想场所。

可以说,酒馆是英国人社交文化的基础,没有任何其它场所可以替代。近两个世纪以来,酒馆就是当地居民会面、传播逸闻趣事的聚集地。朋友,亲戚,同事,甚至是陌生人都可以畅所欲言,没有一点拘束。大家叙旧交新,喧喧嚷嚷,笑声不绝,相信任何人都可以融入这种轻松随和的气氛当中。酒馆早已成为英国平民百姓生活不可缺少的一部分,成为他们的感情寄托和精神慰藉。

更重要的是，它已从一种社交场所升华为一种社会团体的中心，一种凝聚力的象征。在第一次世界大战期间，酒馆就曾经为战事举行募捐活动，而且还充当躲避空袭的避难所。说酒馆以特有的方式使整个国家团结起来一点也不为过。

总之，上酒馆是英国人的一种生活方式，也是一种历史的延续。无论是小说，还是诗歌，许多英国文学作品都有关于酒馆酒吧情景的描述。第一部大英词典编著者塞缪尔·约翰逊曾说过：至今人类所创造的世间万物，没有哪一样能比得上酒馆给人带来的无限温馨与幸福。也许只有亲身体验一下小酒馆的氛围，感受一下举世闻名的酒馆文化，你才能理解英国人深入骨髓的酒馆情结吧。

> What's yours?, What are you having? 你想喝点什么酒？

11.2 酒馆名

之所以说英国酒馆是历史的延续，是因为其名字的缘故。酒馆名不仅仅是为了识别，把自身和别的酒馆区别开来，或者为了某种品牌的创立和宣传，更多的是记录并反映英国人的生活，承载了历史与社会的变迁。从战争英雄到皇室象征，从宗教信仰到民间传说，酒馆名为酒馆增添了几分神秘的色彩，带给人无穷无尽的想象与期待。甚至，很多英国人自己对酒馆名背后的历史故事都不是很清楚。

大家也许会惊叹于命名者的智慧与创造力。一座老酒馆，往往就代表一个故事，一部传奇，一位英雄，一位君王，或者是一段历史。试问，如果它们的名字与当地的人和事都没有一点关系，这样的存在还会有什么意义和魅力呢？

英国酒馆

现在,英国许多新酒馆仍延续使用老酒馆的名字,它们也许来自数百年前甚至千年前,人们已无法了解其全部的历史。例如,位于诺丁汉的 Ye Olde Trip to Jerusalem 就建于1189年,就号称是英格兰最古老的 pub。"Old"前面加上"Ye","Old"后面也加上"e",更增添了几分历史厚重感,吸引了无数游客前来。酒馆名已成为英国文化遗产的一部分。

下面就向大家介绍一些英国很常见的酒馆名。

11.2.1 红狮

在英国可能有超过500多家的酒馆叫做 Red Lion,都是非常典型的英式传统酒馆。红狮是一种徽章标志。这种徽章来自于古代战场,曾象征对王室的忠诚。类似王室象征的酒馆名还有 The King's Head、The King's Arms、The Queen's Arms 等等。

11.2.2 皇家橡树

皇家橡树的故事相传于1651年英国内战期间,战败的查理王子在逃往法国途中,爬上一棵橡树而躲避了追兵的搜捕,保住了性命。后来查理于1660年返回伦敦,成为查理二世(Charles II)。

11.2.3 白鹿

The White Hart 这个酒馆名在英格兰国王理查二世(Richard II)统治时期

（1377-1399）开始流行。白鹿实际上是理查国王的徽章标志，他的骑士们战袍上也印上了这个图案。他在1393年制定了一条法律：所有酒馆必须挂上招牌。因此，许多酒馆使用白鹿这个名字，来表达对国王的尊敬和爱戴。

英国酒馆

11.2.4 玫瑰皇冠

这里的玫瑰指的是象征都铎王朝的红白玫瑰，它来源于英国历史上的红白玫瑰战争（Wars of the Roses），即金雀花王朝后裔的两个王室家族的内部斗争。一方为兰开斯特家族，其家族徽章是红玫瑰，另一方为约克家族，其家族徽章是白玫瑰。这种红白双色玫瑰加上皇冠，被视为英格兰王室的象征。

11.2.5 格兰拜侯爵

格兰拜侯爵是18世纪的一名英国军队指挥官，以慷慨善良著称。他极为关心他的退伍士兵，为他们开设酒馆提供资金援助，以确保今后的生活经济来源。因此，这些酒馆都以侯爵的名字命名，以表感激之情。类似纪念历史人物的酒馆名还有The Duke of Wellington（威灵顿公爵）、The Lord Nelson（纳尔逊勋爵，著名海军统帅）、The Shakespeare等等。

英国酒馆

11.3 啤酒种类

英国酒馆供应的啤酒种类繁多,从散装(需要时从桶里面汲取出来)、瓶装到罐装都有。常见的啤酒有:

苦啤酒(bitter):苦啤酒颜色较深,味道也较重。根据酒精含量,苦啤酒还可分成四种,含量由低到高分别是ordinary bitter、best bitter、special bitter和extra special。

> 在苏格兰,苦啤酒叫做"heavy"。

淡啤酒(lager):相对于苦啤酒,淡啤酒颜色较浅,呈金黄色,口感也比较清淡,含丰富泡沫。常见的品牌有Becks、Heineken、Stella Artois。

烈性黑啤酒(stout):颜色很深,几乎为黑色,口味很重。最著名的是爱尔兰生产的Guinness。

现在真麦啤酒(real ale)在英国也非常流行。与一般啤酒的区别在于:真麦酒经过了二次发酵,即酵母菌和酒水一起保存在木桶中直至开饮。其支持者宣称只有这种方式才能酝酿出原汁原味、纯天然的麦芽啤酒。他们甚至还成立了一个组织（CAMRA，即 Campaign for Real Ale）来提倡真麦酒。

如果你想来点清凉饮料，你可以试试香蒂（shandy）。香蒂不会有啤酒那么重的酒精效应，因为它相当于是用柠檬水稀释过了的啤酒。你可以点bitter shandy或者lager shandy。

不仅有啤酒，酒馆也销售"烈酒"。主要有威士忌、杜松子酒、伏特加、白兰地和朗母酒。如果你被问到是否要点"large one"，则表示是否要平常酒杯的双倍酒量，那么价格也会是两倍。当然，你可以来一杯葡萄酒（如果你是葡萄酒行家，你还可以去葡萄酒酒吧"winebars"）。

酒馆除了提供啤酒与烈酒，也供应一些非酒精性饮料，比如橘子汁、番茄汁、可乐、茶和咖啡等等。

你不仅可以在酒馆买到许多软饮料，还可以选择一种叫alcopop的果汁。它尝起来和其他软饮料差不多，而且鲜艳的饮瓶包装看上去也很亲切，没有一点害处似的。但需要提醒你的是，它的酒精含量相当高！许多英国年轻人都特别钟情于alcopop，就是因为它会让人醉得很快！所以，在欧洲其他很多国家alcopop是禁止销售的，只是英国才有！

有很多口头用词是来描述"喝醉的"，比如

plastered　smashed　pissed

英国酒馆

下面为大家总结一些酒馆常用词汇

ale	麦芽啤酒,一种传统啤酒,从清淡到浓郁可以有很多种口味。"Ale"本身这个单词并没有在现代英语中使用。如果你说你想要"a pint of ale",别人会觉得你像是从莎士比亚戏剧里走出来的
alcopop	果汁饮料:一种加酒精的瓶装果汁饮料,以包装来占领年轻人和女性市场
beer	进英国酒吧喝酒,不要只用beer这个单词。否则,酒吧服务员根本不知道拿什么给你。所以,如果不选择带有商标的瓶装酒,建议你搞清楚bitter(苦啤酒)、lager(淡啤酒)、mild(苦淡之间)和Guinness(吉尼斯,一黑啤酒品牌)。如果知道要选择哪一种,就可以用酒的品牌名称或种类来点酒,例如:two pints of special, please
best	一种苦啤酒的简称(相对于ordinary bitter,best bitter酒精含量略高);a pint of best, thanks Chris
bitter	最流行的传统英国啤酒,味略苦,忽布花(啤酒花)成分较高
draught	与瓶装或罐装啤酒不同,散装啤酒是从桶里面汲取或打拉出来的
free house	一种不隶属于任何啤酒公司的酒馆,所以可以销售任何啤酒(不是指免费喝酒)
G and T	杜松子酒奎宁水

Guinness	英国从爱尔兰沿用下来的啤酒品牌，受喜欢细细品酒的英国绅士或淑女青睐。这种都柏林中心地带所酿造的烈性黑啤酒，已成为爱尔兰享誉世界的知名品牌之一
lager	最近30年以来开始流行的一种起沫的淡啤酒。正因为比传统啤酒清淡，在意识到酒精起作用之前还可以多来一点
lager top	在淡啤酒上加小量类似柠檬水的饮料
light (ale)	一种含有少许忽布花（啤酒花）成分的瓶装低度啤酒
local	The locals（当地人）通常在the local（当地酒吧）碰面
lounge (bar)	酒吧里铺有地毯的一部分，并且座椅带有软垫，价格也会略贵一些
mild	一种清淡、忽布花（啤酒花）成分适中的啤酒
Newkie Brown	甜味啤酒Newcastle Brown的俗称
public bar	在public bar，酒价比lounge bar略低，座椅没有lounge bar软，地毯没有lounge bar多
real ale	有运动坚决提倡只有经过在酒桶里发酵并且不加二氧化碳的啤酒才是纯正的麦芽啤酒。许多人也认为只有这种酝酿方式酿制成的啤酒才是正宗、原汁原味的。
saloon bar	酒吧沙龙，同public bar一样
scrumpy	一种产于英格兰西部的烈性粗制干苹果酒

英国酒馆

11.4 酒馆食物 Pub grub

传统说来,小酒馆的生意主要靠卖酒,很少把重点放在食物上。但是随着时代的进步,酒馆在销售酒的同时,也越来越重视他们为客人准备的菜谱。现在大多数的酒馆都为客人供应午餐和晚餐,一是为方便那些忙于工作没有时间回家做饭的上班族,二是为吸引更多消费者,从而增加生意额。

"Grub"这个词是食物的一种非正式说法。在酒馆里使用,显得更自然、更随和。那么相对于正式的餐馆或者餐厅,酒馆的食物也比较简单、比较便宜。最常见的莫过于农夫午餐(ploughman's lunch),包括奶酪、面包和泡菜。其他典型菜肴还有牛排(steak)、牧羊人派(shepherd's pie)、炸鱼薯条、香肠土豆泥(bangers and mash)、烤肉、各种馅饼(pasties)等等。你可以在第58页查看酒馆食物的说明和图片。

另外,你还能选择各种炸薯片和干果来作下酒菜。

常见的传统酒馆名

The Anchor	锚
The Black Bull	黑牛
The Bull	公牛
The Cock	雄鸡
The Copper Kettle	铜壶
The Crown	皇冠
The Dog and Duck	狗与鸭
The Fiddler's Arms	小提琴手盾形徽章
The King's Arms	国王盾形徽章
The King's Head	国王头像
The Mill	水磨坊
The Pig and Whistle	小猪和口哨
The Plough	犁
The Queen's Arms	女王盾形徽章
The Queen's Head	女王头像
The Swan	天鹅
The Victoria	维多利亚女王
The Wheatsheaf	小麦捆

诙谐幽默的现代酒馆名

Dirty Dick's	脏迪克
The Elbow Room	宽敞舒适房
The Office	办公室
The Slug and Lettuce	蛞蝓与生菜
The Spice of Life	生活调味品（让你的生活更有意义、更丰富多彩）

©iStockphoto.com/Sean Davis

英国酒馆

11.5 酒馆礼节和规矩

在酒馆，客人需要自己到吧台点酒或点餐。吧台服务生（barman或barmaid）会按照先来后到的顺序为客人服务。事实上，酒馆里并没有那种所谓站成一条线的排队。但在多数的酒馆里，谁最先来、谁等得最久还是很清楚的。抢着去点酒，是非常无礼的行为，还会引起大家的不愉快，你也就变得很不受欢迎。所以要是服务生想为你点酒，而你知道还有人比你等得更久，那么你可以礼貌地说声"he was first（他在我前面）"。这样你就可以赢得英国人的尊重。

> 如果吧台服务生想为你点酒，而你知道有人已经等很久了，那么你可以礼貌地讲："他是第一个"（he was first）。这样，别人会很尊重你。

点酒时，你可以说"A pint of lager, please（请给我一品脱淡啤酒）"。这里的"pint"，即品脱，

是啤酒的计量单位。一品脱啤酒大约500多毫升，装在一个大啤酒杯里。要是觉得一大杯喝不完，你可以点"a half pint of lager"，即半杯的淡啤酒。

在酒馆给小费也与餐厅不同。事实上你根本不用在酒馆付小费。你只需付酒钱并带走找的零钱。如果想大方点，你可以说"keep the change（零钱不用找了）"。当然，即使你不这样讲，也没有人会觉得不好或者冒犯了什么。如果"不用找"的零钱是数便士以上，服务生还会很惊讶呢。而且，他们往往会把这种小费放在专门为慈善机构募捐而收集硬币的瓶子里，而不会塞进自己的腰包，自己拿去用了。

11.6 你还需了解

从19世纪开始，英国的酒馆就受到售酒法（Licensing Laws）的严格控制和监督，例如，英格兰、威尔士地区现行使用的Licensing Act 2003与苏格兰地区的Licensing Act 2005。从开设酒馆到营业时间，酒馆主都要经过一系列复杂的申请手续，才能获得许可证开门营业。北爱尔兰地区也有严密的法律措施来管理售酒行业。

关键词

the local	一个人最喜欢的酒馆，即某个人常去的酒馆
boozer	"酒馆"的口语叫法，也是"酒鬼"的口语叫法
binge drinking	酗酒

乡村老式酒馆

按照法律规定,酒馆的营业时间一般是上午11点到晚上11点。周末则可能会延长一点,甚至夜里一两点,但都需要向当地法官申请。如果违反售酒法的相关规定,酒馆就得关门停业,并吊销许可证。

另外,现在所有的酒馆都属于禁烟区。一旦发现有人点烟,酒馆主人就会立刻上前制止。酒馆禁烟其实是近几年法律才规定的,首先是在苏格兰实行,后来发展到了全英国。于是英国人用一种既合法又非常简单的行为来适应这种突然的变化——烟客们要是想吸烟了,站到酒馆外的人行道即可。他们通常也会把酒也一起带出去。

在关门前十分钟左右,服务生就会摇铃,向客人喊道"time, ladies and gentlemen, please!(女士们,先生们,时间到了!)"或者"last orders, please!(请买最后一杯!)"如果你还未尽兴,则要抓住最后的机会去吧台点最后一杯。

One for the road? 走之前最后一杯?

英国酒馆

当然,酒馆也为客人提供丰富的娱乐活动,比如掷飞镖(darts)和台球(pool)。有时一些乐队也会来助兴表演。人们也很喜欢去酒馆收看电视体育赛事。很多酒馆都把大屏幕电视机挂在墙上,不管你坐在哪里,都可以看得到。

很多酒馆都有台球桌

另外,营业期间有一段叫做happy hour的时间。在这段时间内,所有酒都打折销售,以此来薄利多销。虽然happy hour的确为酒馆和酒客都带来了快乐,但也是引起酗酒(binge drinking)的原因之一。由于happy hour期间,酒比其他时间便宜,人们(特别是年轻人)往往会买大量的酒。随之引来的酒后驾车,醉酒闹事等行为不仅严重影响社会治安,也造成许多人力、物力、资源的损失与浪费,令政府部门非常头痛。英国广播公司BBC就曾报道,英国每年需要花费约两千万英镑来处理酗酒问题。苏格兰城市格拉斯哥(一个以烈酒而闻名的城市)为减少酗酒现象,就已禁止酒馆实行happy hour。

不醉不归

第12章 在英国做学生

如果你是学生,初来乍到,人生地不熟,不仅要适应新的环境,更重要的是必须尽快融入英国校园生活。面对全新的教学方式,你一定要作好充分的思想准备,克服所有困难,努力完成自己的留学梦想。

12.1 克服语言关

首先,语言是很多留学生必须要过的关。虽然我们在国内都已通过了雅思或托福考试,达到了英国学校语言录取要求,但是真到了一个纯英语的语言环境,或者纯英语的教学环境,你可能还是会觉得自己的英语能力需要提高,毕竟你要面对的是实际的语言交流(communication in the real world),而不是考试中设定情形的交流问题。

所以,你在入学后一定不要错过任何练习听、说、读、写的机会。要多与老师和同学沟通,在交流过程中积累,在交流过程中进步。例如,你可以留意他们的用词和组句方式。你会发现,有时我们会用一个长句子来表达所想表达的内容,而当地人用一个短语就可以表达相同的意思。因此,你要注重点滴积累,要珍惜国内所没有的英语语言环境。如果你害怕犯错误,不愿意与他人交流,你的英语能力(尤其是听、说能力)是很难进步的,出国留学也就失去了意义。况且,英语还是你学好自己专业的基础。

这里是一些帮助你提高语言能力的方法：

　　一般英国很多大学都有语言中心。语言中心会为国际学生开设特别语言培训课程，例如 academic writing（学术性写作）。这个课程会为学生传授一些基本的英语学术性写作技巧（academic writing skills），这将对你今后完成作业和毕业论文（dissertation）有很大帮助。

　　建议你给自己准备一本好的字典。事实上，使用多种字典对你更有好处。你可以买双语的英汉字典。这种字典不仅有单词意思的解释，还提供用法、习语及词组。你还可以尝试使用英语学习者的英英字典。你会发现，相对于口袋电子词典，英英字典会让你的英语水平大大提高。

　　看电视、收听广播也是你改善英语能力的好方法（虽然比较难），这也是你更多地了解英国文化、英国人的特点以及心态的有用途径。英国人自己就是超级电视迷，他们聊天许多的话题都是跟所看的电视节目有关。你一定要记住：虽然你不一定喜欢那些节目，但可以把它们看作是一种语言挑战，它将对你语言能力的提高有很大帮助。

在英国做学生

12.2 英式教育

　　和中国的应试教育（teaching to test）模式不同，英国教学方式要求学生更主动地去学习、去思考、去研究，并鼓励学生表达自己的见解，强调培养学生的独立思考（independent thought）能力，

利兹大学（*University of Leeds*）

在英国做学生

留给学生很广阔的想象空间。如果说中国的教学注重理论知识的掌握,那么英国教学更注重对理论知识的实际应用,也就是 how to apply the theories to practice(怎样用理论知识去联系实际,即用理论去解决实际问题)。

和中国主要以讲座(lectures)形式为主的授课方式不同,英国很多课堂都是采用研讨会(seminars)的形式,即老师与学生共同探讨一个话题。因此,你会发现在英国的课堂,互动(interaction)是一个很显著的特征。这不仅仅是表现在老师与学生之间的交流上,还体现在学生与学生之间的讨论与沟通上。一般说来,老师会就某一话题先发表自己的看法,然后再请学生各抒己见;或者让学生进行分组讨论,最后每组学生派一个代表,为讨论做一个总结,并和全班同学分享讨论结果。

相对于中国的课堂,英国课堂气氛更宽松、自由,学生有了更多参与和表达自己的机会,而不是只听老师讲解做笔记。只要学生有充分的理由来证明他们的观点,那么学生就是正确的。老师不再是唯一的权威。

穿过米德斯公园（*The Meadows*）赶去上课的爱丁堡大学学生

最重要的是，学生要表达自己的见解，必须要通过独立思考，做出判断，得出结论。这充分说明英国教学特别注重学生思维能力的培养。世界闻名的牛津大学与剑桥大学更是通过Thinking Skills Assessment（TSA，即思维能力评定）来选拔入学生。所以英国的老师一般都能鼓励学生创新，鼓励学生多角度思考问题（see issues from different perspectives），而不要被传统思维模式所束缚，要勇于对已学知识提出疑问（question what they have learned）。Critical thinking skills（批判性思维能力）是英国教育培养学生独立思考能力的重心。因此，你可能在课堂上会经常听见老师说"please, think critically"，或者 "let's be critical, here"。那么，请打开思路，努力思考吧。

作为学生，作业和考试肯定是必不可少的。和在中国读书不同，老师布置的作业（assignments）

在英国做学生

形式可以说是五花八门,绝不仅限于写。例如,有 presentation(作报告或演讲), presentation又可能要求是个人的,也有可能要求是group project或者 team work,即需小组合作完成。这种演讲性质的作业也是培养学生口头表达能力的好机会。当然也有写的作业,一般都是essay,字数1000字到5000字不等,也分为个人作业或者小组作业(不同专业作业要求也会不同)。显然,写作也是一个让学生充分表达自己见解和锻炼独立思考能力的方式,而小组作业也可以培养学生的沟通能力和团队合作精神。

和中国考试需要死记硬背不同,英国的考试更侧重于理论知识的实际运用,显得更灵活。很多考试都会采取写作的形式,让你阐述怎样解决一个实际的问题,考查你的理论联系实际能力,而绝不会考查你能背出多少理论。

12.3 如何适应英式教育

要适应英国的教学方式,建议你:

1. 做好预习和复习工作。要参与课堂讨论,你首先要熟悉讨论的题目,一般老师都会在课前课后给学生一些阅读资料、专业书籍清单,所以你一定要按照老师的要求,认真阅读,否则根本无法参与课堂,甚至听不懂老师或其他同学在讨论什么。

2. 积极参与讨论,勇于发表自己的观点。这在开学初期可能会比较困难,但是只要坚持,多说多练,英语口头表达能力一定会得到提高。要相信自己的能力,尽量充分表达自己的想法,不要怕犯语法错误。

3 一定要多"泡"图书馆。英国的大学都有自己的图书馆，藏书丰富。老师发给你的专业书籍清单里的书一般都能在图书馆找到。学习中有什么问题，比如不懂某个专业术语（terminology），也可以查阅书籍或文献资料寻求答案。

大量阅读，是你在英国学习的基础。一节讨论课（seminar）下来，你就会发现，老师的引导与大家的讨论往往会涵盖很多相关书籍里的内容。就某一问题，不同的作者，思维角度不同就会有不同的观点。因此，借阅专业书籍，是你知识储备的关键，无论是参与课堂讨论，还是essay或毕业论文的写作，没有一定的阅读量是肯定不行的。阅读不仅可以丰富知识，更重要的是开阔思路。阅读时，你也要仔细思考、揣摩：自己是否同意作者的观点，同意的理由是什么，不同意的理由是什么，都要一一搞清楚。"读"不等于"理解"，只有理解了，才能算是自己的知识。而要理解，就必须通过独立思考（use your own thinking）去判断、去证明。另外，阅读时建议大家也要做好笔记，找出一些关键词、关键句，必要时还应该做总结，建立知识框架。

4 虚心向老师和同学请教，大方参与交流。在学校学习，如果你不表达自己，别人是不会知道你的问题的。但是只要你肯开口，就一定会有人帮助你。例如，如果你有专业学习方面的问题，你可以给你的programme leader或者course convenor（课程领导人或负

在英国做学生

在英国做学生

责人）写邮件，告诉他们你的疑问和困难。你一定会得到他们的指导和帮助。与同学相处也要多沟通，特别是在合作完成小组作业时，也应该积极、主动，只要有问题，就提出来，和大家一起商量解决。

5. 要建立自信，要相信自己的能力。英国的学习环境相对于中国，更自由、更开放、更包容。老师不会给学生排名次，不会把你与其他同学作比较（学生的英语水平与专业背景都不相同），而只会与你自身做比较，看你在已有的基础上是否取得了进步。因此，你一定要坚信自己，相信自己能克服语言上和专业学习上的任何困难。

6. 学习需要自觉。无论是本科课程还是研究生课程，你都会有大量的自主安排学习的时间，不像中国大学的课程安排得那么紧张，而且英国的大学也没有必修课程，所有的学习都取决于你自己。那么 time management 显得极其重要。好的学习计划可以帮助你有条理、有步骤地学习，学习效率也会更高。例如，你可以根据交作业日期来安排自己的学习时间，包括什么时候阅读、什么时候小组讨论、什么时候写作等等。

在英国学习，一定要脚踏实地，认真刻苦，摆正心态。不要抱着可以蒙混过关的侥幸心理，想靠送礼、拉关系的方式毕业在英国是行不通的。况且，真才实学才是你今后立足社会的基础。所以请大家珍惜留学的机会，好好学习，努力提高自己的能力。

总之,衷心希望每位同学能珍惜自己的留学生涯。出国,绝不仅仅是为了学历和外国文凭,更重要的是开阔视野,开阔思路,培养自己的能力。一定要好好把握机会,以开放包容的态度学习和理解别人的观点,多做各方面的尝试,并在整个学习过程中认识自己、了解自己、表现自己,激发自己的潜力,发掘适合自己的发展方向。

祝愿大家在留学英国的日子里能够找到自信,找到自己光明的未来,并创造美好的回忆。

12.4 剽窃

除了要调整自己的学习方式以适应英式教育以外,你还需要特别重视一个问题——plagiarism,即剽窃、抄袭行为。

英国学术界以治学态度严谨著称,学生的作业、考试、毕业论文都不允许有任何剽窃抄袭现象(plagiarism)。英国各大学的官方网站都有专门的网页介绍什么是剽窃、如何避免剽窃以及处罚措施。

©iStockphoto.com/Zhang Bo

在英国做学生

在英国做学生

每位新生在学期初始也会收到关于plagiarism的指南材料。老师也会为新生开设反剽窃的指导讲座。所以你一定要仔细阅读材料,并认真听老师讲解。

究竟什么是plagiarism?剽窃是指在没有承认使用他人作品的情况下使用他人的研究成果、工作成果或者作品,被看作是一种智力盗窃行为。当然,只要你承认使用他人作品,你是完全可以引用他人作品中的词组和语句的,这也是让你的文章更有说服力的好方法。但如果你直接使用他人的整个作品或者抄袭他人作品中的几个段落,并且不加任何说明,就好像所有的都是你首创的观点一样,那么这就是剽窃,这在英国学术界是严格禁止的。

当然,你在写essay或论文时,为了证明、说明或者发展你自己的观点时,不可避免会引用他人的观点或者文献资料,所以英国的大学对这方面有非常严格的规范和限制。你在引用时,如果没有注明是他人的语句、信息或者观点(或者注明方式不当),那么就会被视为剽窃或者抄袭。剽窃相当于学术上的偷盗、欺诈,是严重违反学校纪律的行为。轻则修改、重写、扣分,重则留级一年,甚至开除学籍。

为了避免剽窃,你可以使用quoting(引用,也叫citation)的方式来注明你是在引用他人的观点,即你在所引用的语句后面打上括号,注明作者以及出版年代,或者直接在所引用的语句上加引号,然后注明作者以及出版年代,最后再将所有参考文献列一个清单,即references或bibliography。这种引用方

剑桥大学彭布罗克学院(*Pembroke College*)入口

©iStockphoto.com/Alan Hewitt

式的具体格式取决于使用哪种引用体系（quoting or citation style）。学术界有两种引用体系：Harvard与Vancouver。你需要根据你所学专业以及所在学院的要求选择使用Harvard或者Vancouver。

学校为防止学生作业、论文抄袭现象，要求学生除了上交纸制版作业或论文以外，还需将电子文档提交到一个名叫TurnItIn的网站上。TurnItIn相当于一个反剽窃检测网站，它会将你的作业或论文与其数据库中的文献、学术著作以及论文相比较，扫描出"相似度"。如果你注明引用的格式不当，也会被判作是"相似"。一般说来，如果相似度超过了18%（学校、学院不同，具体百分比也不同，但普遍为18%），就有剽窃嫌疑，学院就会找学生调查。因此，你一定要严格按照Harvard体系或者Vancouver所要求的格式注明引用或引述，不能有一点马虎。

总之，请严肃对待学术的真实性。这不仅仅是你作业、论文过关的问题，而更多的是对知识的一种尊重和肯定。

12.5 如何处理其他问题

如果遇到其他任何问题，你还可以求助你所在学校的国际学生办公室（international student office）或者学生支持中心（student support centre）。那里的老师们会为你提供全方位学习、生活信息，包括学生签证、住宿、理财、就业等方方面面问题。

在国外的生活经验就是，只要有问题，如果自己不能解决，一定要敢于表达、善于沟通，并寻求帮助，不要不好意思，你学校的老师和工作人员都会帮助你，解决你的问题，而且他们往往有许多处理你类似问题的经验。但是你不表达,是没有人会了解你的困难与问题的。

12.6 认识新人结交朋友

另外在英国大学读书期间,建议你去学生联盟(Student Union)看看,那里是你认识其他学生的好地方。

你真的应该认真考虑考虑加入一个或一个以上的俱乐部和社团,因为它们都是典型的英式大学生活。你会发现大学里有太多的俱乐部等着你的加入。运动俱乐部就有很多:比如足球、曲棍球、网球、篮球、体操、羽毛球、自行车、独木舟、柔道等等。你并不需要成为运动专家,也许你仅仅是想学习或者锻炼身体。事实上,如果只是想锻炼一下,你并不是非得加入俱乐部——你就只管用那些运动设备就行了。如果你想打乒乓球,但没找到乒

加入俱乐部或参与某种运动是你结交新朋友、提高英语口语能力的好方法。

在英国工作

乓球俱乐部,你完全可以自己成立一个。你还会发现许多音乐社团。如果你想在管弦乐队或者流行乐队中演奏,你可得把握好机会。在电影俱乐部,你将和其他成员一起欣赏很多电影。在你的新大学里还会有许许多多学生聚在一起讨论、交流思想的社团组织。讨论的话题也是非常广泛:哲学、文学、宗教、摄影、艺术以及政治。所有这些活动都为你认识新的人、结交新朋友创造了绝好的机会,而且也是提高你英语语言能力的有效方式。正如在英国人人都说的一句谚语:all work and no play makes Jack a dull boy。光学不玩,只会让你变成书呆子。

第13章 在英国工作

如果你是学生，即以学生身份、持学生签证入境英国的，那么按照英国移民法律，你可以在学习期间的假期里工作（outside term time），比如圣诞假期、复活节假期、暑假。如果你是在学习期间（during term time）工作，那么每周工作时间不得超过20小时。学生是不可以做全职（full-time）工作的，而只能从事兼职（part-time）或短期（temporary）工作。所以中国留学生们可以充分利用假期和课余时间工作，这样不仅可以提高英语能力，还可以更多的了解英国的社会与文化，当然也能挣点生活费。

如果你是持工作签证入境英国，那么你既可以从事全职，也可以从事兼职工作。（如果将来你的工作签证到期，你还愿意延长期限继续留在英国工作，请登录英国边境局UK Border Agency官方网站www.ukba.homeoffice.gov.uk查询相关信息，包括申请方法以及申请所需文件，证件，资金证明等等）。

在英国工作，无论是全职还是兼职，还需要申请一个National Insurance number（国家保险号，简称NI No.）。这个国家保险号是专属于个人，用来识别个人对于英国社会保障体系（social security system）的缴款。英国的社会保障相当于一个国家保险（National Insurance）计划，为公众提供养老

在英国工作

金、失业救济金、医疗保险等一系列的社会保障福利（social security benefits）。

国家保险缴款金额（National Insurance contributions）取决于个人的收入水平。如果你的收入是在每周£110—£844之间（2010-2011 tax year），那么你每周需要上缴你本周收入的11%；如果你的收入是844英镑以上，那么每周除了上缴844英镑的11%以外，还需要上缴超过844英镑那部分收入的1%（2010-2011 tax year）。

要申请国家保险号，请拨打0845 600 0643。Jobcentre Plus（这是英国政府的就业管理机构，在各地都有办事处）会给你安排一个"evidence of identity（身份核实）"的面谈或者给你邮寄一份申请表格。你需要提供护照、住址证明、学校录取通知书、工作证明等资料。如果申请成功，你将收到Jobcentre Plus给你的信件，信件里会有你的国家保险号，一般12周后，你还将收到一张国家保险号卡。参加工作时，请一定告知雇主你的这个号码。

> 请关注英国边境局网站，以获得关于签证的最新信息：www.ukba.homeoffice.gov.uk

关键词

expiry date	到期日期
visa extension	签证有效期延长

在英国工作

另外，如果你的年收入是在6475英镑以上（2010-2011 tax year），你还需要缴付income tax，即收入税。这个6475英镑是个人的tax-free allowance（免税额），也叫personal allowance。免税额表示个人被允许获得的、不需要付税的最低收入金额（2010-2011课税年）。收入越高，你所支付的收入税也越高，收入税率有20%，40%，50%不等，由你的年收入决定。

总之，你需要缴付的National Insurance contributions以及income tax的金额都以PAYE的方式计算，即pay as you earn（随挣随付）。也就是挣

在英国工作

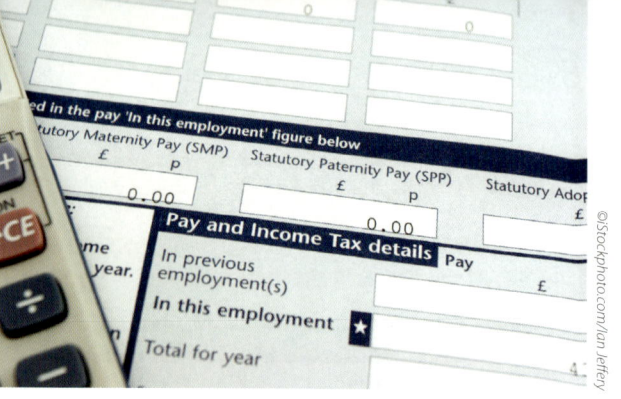

得越多，那么缴付的就越多。你的雇主会从你的工资收入中扣除你需要缴付的国家保险和收入税。

为计算雇员需要缴付的收入税税额，雇主会使用一种纳税编码（tax code）。该编码由英国纳税与海关总署（HM Revenue & Customs）确定，由一串数字和一个字母组成。把该串数字乘以10，就表示你在某课税年中付税之前的总收入，字母则表示数字将随个人免税额的变化而变化。字母不同，对应的意义和变化方式也不同。如果你是在英国初次参加工作，雇主很有可能使用应急纳税编码（emergency tax code），这个编码由某课税年的个人免税额除以10后的数字和字母L组成，例如2010-2011课税年的应急纳税编码就是647L。你的雇主将一直使用该应急编码，直到纳税海关总署确定了你的纳税编码。

你的雇主还会给你两种文件P45和P60。P45是你在结束工作时，雇主给你的工资与收入税记录，其中包括你的纳税编码、国家保险号、你停止工作的日期、你在每课税年的工资收入以及缴付的收入税金额。P60是你在工作期间每课税年（课税年从每年4月6日开始到次年4月5日结束）年底雇主给你的工资以及收入税记录。

发票

　　如果在英国从事一些临时工作或兼职工作，比如你是做笔译或者口译，你所工作的公司很可能会要求你给它开一种发票（an invoice），因为公司在给你支付工资之前必须需要你开的发票。这种发票究竟是什么呢？它相当于一种文件，其中包括你的姓名、你从事的工作、完成工作的时间、公司应允支付你工资的金额以及你所希望的支付方式（既可以通过支票，也可以直接给你的银行账户充值，但需要向你的公司提供你的账户信息）。开发票时你还必须写明你开这张发票时的日期。只要公司收到了你的发票，你就会被算作是公司需要支付报酬的工作人员之一。如果公司向你索要了发票，而你并没有给他们开发票，那么很简单，你将不会收到任何报酬。

在英国工作

You'll need to invoice us.
你需要给我们开发票。

第14章 法律事务

14.1 公民顾问办事处

关于如何处理法律事物，你可以咨询当地Citizens' Advice Bureau（CAB，即公民顾问办事处）。公民顾问办事处为客户提供全方位专业咨询与建议，它旨在帮助各咨询者了解自身权力、所涉问题的相关知识和信息，并指导他们解决法律领域中的诸多问题，包括债务、索赔、消费者权益、雇佣纠纷（比如裁员redundancy、不公平解雇unfair dismissal）、住房纠纷（比如房屋租赁合同问题）等等。咨询师还可以以客户的名义，代表客户撰写信件、电话协商、谈判、甚至出席法庭等等。

所有CAB的咨询服务都是免费、公正的，客户无论性别、年龄、职业、宗教、国籍，都将享受同等服务，并且会为客户保密（confidential）。

> 所有CAB的咨询服务都是免费。

你需要登陆CAB官方网站，查询你所在地的公民顾问办事处地址和联系方式：

英格兰及威尔士地区 www.citizensadvice.org.uk

苏格兰地区 www.cas.org.uk

北爱尔兰地区 www.citizensadvice.co.uk

Alexander Raths/Shutterstock.com

14.2 法律援助

另外，如果你不能承担处理法律事务的费用（比如请律师为你辩护），你还可以申请法律援助（legal aid），法律援助将会为你提供所有费用。不过，你是否具有法律援助资格（legal aid eligibility）取决于你的收入水平以及案件胜诉的几率。

> 你可以登录法律援助官方网站，了解更多信息：
>
> 英格兰及威尔士地区www.legalservices.gov.uk
>
> 苏格兰地区www.slab.org.uk
>
> 北爱尔兰地区www.nilsc.org.uk

第15章 英语口语

他们说的都是什么意思？和写出来的根本不一样。

其实，有很多英语口语与我们平常在课堂上所学的英语以及书面语不同，甚至是大相径庭。在口语中，许多发音都被压缩，变成了其他一些音，或者干脆被省略。你可能已经熟悉了：

dunno
就是
I don't know
我不知道

类似的例子还有很多很多。你在英国一定会听到下面这些：

snot …
it's not…
不是…

wanna …
I want to …
我想…

或者
do you want to …?
你想…？

例如
I wanna go home
I want to go home
我想回家

还有
wanna nother?
do you want another?
你还想来一个吗?

gimme

give me
给我

例如
gimme a good reason!
给我一个好的理由!

或者
don't gimme that pathetic excuse!
别给我一个蹩脚的理由!

yuh

即可以指
you
你

例如
what yuh want?
你想来点什么?
what do you want?

yuh ready?
are you ready?
你准备好了吗?

也可以指
  your
  你的

就像
  who's yuh friend?
  你的朋友是谁？

你还可能听到
  k-nI see yuh …?
  （knI发音像"课 奶"）

甚至
  nI see yuh …?
  （nI发音像"奶"）
  can I see your …?
  我能看看你的…吗？

dohbee …
  don't be …
  不要…

例如
  dohbee sad
  别伤心了

my

可以是
  me

或者
  muh

例如
> **where's me jacket?**
> 我的夹克在哪儿？

或者
> **I forgot muh room number**
> 我忘了我的房间号

gotta ...

即可以指
> **I have got to ...**
> 我得…

或者
> **have you got a ...?**
> 你有…吗？

例如
> **gotta go now**
> *I have got to go now*
> 现在我得走了

或者
> **gotta pen?**
> *have you got a pen?*
> 你有笔吗？

如果你在苏格兰，你还会听到：
gieza ...
give me a ...
给我一个…

例如
gieza bagga chips
give me a bag of chips
给我一袋薯条

当然，要是在英格兰，你应当说
can I have a bag of chips, please?
我能买一袋薯条吗？

gotcha

即可以指
I have got you
我追上你了

比如正追赶一只猫，就可以说
come here you little pest! gotcha!
过来，讨厌的小东西，我抓住你了！

也可以指
I have understood you
我明白你的意思了

例如，有人努力向你解释一些事情，你最终明白了他的意思，你就可以说：
oh I see, gotcha now!
我明白了，懂你的意思啦！

但gotcha同样也可以指
have you got your …?
你带了…吗？

例如
gotcha keys with you?
have you got your keys with you?
你带了钥匙吗？

of

of这个小词非常重要，用得也多，但通常发音都被压缩成一个很短的音，加在其他词的音节上。例如：

a cup of tea 一杯茶
就成了
a cuppa tea

甚至仅仅是
a cuppa

a bottle of wine
一瓶酒

同样成了
a bottla wine

还有
at the end of the row of shops
在一排商店的最后面

就成了
at the enda the row-a shops

could of, would of

你可能会被这两个短语搞糊涂吧,在中国可没有学过像这样的英语词组。它们算是口语里的变化,比如英国人说这些话时:

I could of told you that if you'd of asked me.

"不会吧,都是什么呀!"你肯定会这样想。其实你会经常听到这些,它们也是英国人普遍的口语毛病。正确的当然是:

I could have (or could've) told you that if you'd asked me
如果你问过我了,我本该告诉你那件事的。

嗯,他都说了些什么呀?

表达yes（是）

有很多种方式可以表达yes（是）这个意思。我们挑选了些你会遇到的说法：

yeah

yep

yip

ya（上层阶级使用，南方英语）

aye（英格兰北部和苏格兰地区使用）

arr（主要为英格兰西部使用）

oh-arr（主要为英格兰西部使用）

okey-dokey（表达就…达成一致时使用）

okey-doke（上面okey-dokey的简短形式）

uh-huh（发这两个音时，重音必须要正确，否则就会是no的意思。重音在第二个音节上，还需要用升调。其实，发音有点像我们中文的"哈哈"，第二个"哈"用升调。）

表达no（不是）

同样，也有很多种方式表达no（不是）这个意思。我们也挑选了些你会遇到的说法：

nope

na（这个听起来会觉得很粗俗，带有轻蔑的语气）

noo（苏格兰地区使用）

uh-huh（重音正确了，才是no的意思。如果重音不正确，就成了相反的意思yes了，要正确表达no，把重音发在第一个音节上，并且用降调。）

第16章 "Yes"与"No"

——如何回答英语中带有否定词的疑问句和反意疑问句

在英语中，用"Yes"和"No"回答疑问句时，应按照实际情况即事实来回答，而不是针对问句本身。这一点与汉语里回答"是"或者"不是"恰恰相反。比如，"星期天我们不去学校吧？"，如果实际情况是星期天不去学校，那么按照我们中文的习惯，肯定会回答"是，是的"，意思是表示同意，即"我们星期天不去学校"。但要是把这句话改成英文，"Do we not go to school on Sunday?"，那么英国人肯定会回答"No"，而不是"Yes"。这里的"No"是表示"We do not go to school"。再给大家多举些例子，你一定可以理解：英语中回答疑问句，不管疑问句如何表达或者有没有否定词，回答时都根据事实来回答。

例如：

Do you need to take your passport?
你需要带护照吗？
Yes. Yes, you do need to take it.
回答"Yes"，表示你需要带护照。
No. No, you don't need to take it.
回答"No"表示你不需要带护照。

请你再看看下面带有否定词的疑问句：

Don't you need to take your passport?
Do you not need to take your passport?
难道你不需要带护照吗？你不需要带护照吗？

Yes. Yes, you do. You do need to take it.
回答 "Yes"，表示你需要带护照。
No. No, you don't. You don't need to take it.
回答 "No"，表示你不需要带护照。

显然，英语中不管问句是怎么问的，都按照实际情况来回答，"需要带"就回答"Yes"，"不需要带"就回答"No"。

小测试

现在检验下你是否掌握了这个语言技能，请用英语回答以下问题 。答案在第176页。

1 Don't you want one?
   a 如果你就是不想要，你回答"Yes"还是"No"？
   b 如果你想要，你回答"Yes"还是"No"？

2 You don't love me any more, do you?
   a 如果你不爱了，你回答"Yes"还是"No"？
   b 如果你还爱，你回答"Yes"还是"No"？

3 You don't like chocolate, do you?
   a 如果你不喜欢巧克力，你回答"Yes"还是"No"？
   b 如果你喜欢巧克力，你回答"Yes"还是"No"？

第17章 双关语

英国人很喜欢说"pun（即双关语，俏皮话）"。双关语在生活中随处可见。无论是私人谈话，还是公共场合，它都非常普遍。你可能感到最奇怪的就是，许多广告、报纸新闻、评论文章都主要依靠使用俏皮话来吸引大众眼球。要是搞不懂它们的意思，你就完全是丈二和尚摸不着头脑。这里我们选择了一些现实世界里使用过的双关语作为例子，你可以试试理解一下。大声读出来吧。如果能弄懂它们，你就是在慢慢地深入了解英国人的思维方式了。如果需要提示，请看第176页。

1号双关语

Snow joke on the roads

2号双关语

欧洲标致汽车公司推出了一款新车，名字叫做Ion。报纸新闻报道就用以下双关语作为开头：

3号双关语

双关语

Yes或No小测试答案

1. a **No. No, I don't.** *(No, I don't want one.)*
   b **Yes. Yes, I do.** *(Yes, I do want one.)*
2. a **No. No, I don't.** *(No, I don't love you any more.)*
   b **Yes. Yes, I do.** *(Yes, I do love you.)*
3. a **No. No, I don't.** *(No, I don't like chocolate.)*
   b **Yes. Yes, I do.** *(Yes, I do like chocolate.)*

双关语答案

1. 号双关语
   积雪肯定会使公路驾驶变得非常危险。请大声说"snow joke"。你听到了什么？如果能听见"it's no joke"，你就弄懂了这个双关语。

2. 号双关语
   这款新车的名字叫Ion，发音其实就是"eye on"。一辆"to keep an eye on"的汽车指的就是一辆值得一看，还能让你发现新鲜与刺激的汽车。

3. 号双关语
   字典里肯定是查不到"pawdling"这个词的，你不要失望。这样想想吧：狗是有爪子的，即"paws"，而"paddling pool"指的是小孩可以在水里玩耍的浅水池。把这两个英文单词合到一起，你就明白这个（糟透了的）双关语了吧。

第18章 银行假日及其他庆祝日

银行假日，也就是"公众假日"，根据历史惯例，在这个假期中，银行和其他工商部门都会关门停业。所以员工除了年假，还可以在额外的几天假期中休息。英国的公众假日包括主要的基督教节日，比如圣诞节和复活节，还有圣徒纪念日（例如苏格兰的圣安德鲁日）、传统的五月节以及八月银行假日。英国大部分的银行假日都安排在星期一，所以员工们就有了"长周末"，都充分利用额外的时间外出短暂休假，因而也造成了假期中，特别是圣诞节假期和夏季银行假日中高速公路塞车、机场异常繁忙的必然现象。如果节日已有固定的日期（比如12月25日）而又恰逢周末，那么一个叫做"皇家公告"的法律机置会将该节日移到周一，因而员工除了享受正常的周末休息外，还可享受额外的那一天假期。这多给的一天可以算作是"替代"，即补休。皇家公告也是宣布特定某年银行假日日期的法律机置。

传统娱乐：海边度假一日游

银行假日及其他庆祝日

尽管在以前,所有商场、邮局都不会营业,公共交通也只有少数运行,假期人们也只与家人一起度过,但现在越来越多的情形是,许多商业部门和商场都选择开门营业,从而在增长的游客度假消费中受益。甚至你很有可能在圣诞节和复活节当天找到一家仍在营业的街角商店。现在,银行假日已算作是员工每年有权享受的假期之一,可根据需要来执行。

除了年度银行假日以外,皇家公告偶尔还会宣布增加一些公众一日假来纪念或庆祝重大事件。例如在2011年,4月29日的公众假日就是为庆祝威廉王子与凯特·米德登的婚礼。在1981年也曾有庆祝查尔斯王子与戴安娜·斯本塞结婚的公众假日。还有,2012年6月5日的公众假日则是女王登基60周年纪念日。

下面的表格为你列举了2011年所有的公众假日。正如你所见,在联合王国中(英国),国家不同,公众假日的具体日期也稍有不同。这些差异是由历史以及文化背景造成的。不同的假日其实是为了特别纪念某国的圣徒,或庆祝某国特别重大的历史事件。

英国公众假日

如果公众假日是在星期六或者星期日,那么接下来的星期一就会算作是公众假日,作为补休。

		英格兰和威尔士	苏格兰	北爱尔兰
1月1日	New Year's Day 新年、元旦	✓	✓	✓
1月2日	2 January 1月2日		✓	

银行假日及其他庆祝日

3月17日	St Patrick's Day 圣帕德里克日			✓
复活节前的星期五	Good Friday 耶稣受难日	✓	✓	✓
复活节后的星期一	Easter Monday 复活节星期一	✓		✓
5月第一个星期一	May Day Bank Holiday 5月银行假日	✓	✓	✓
5月最后一个星期一	Spring Bank Holiday 春季银行假日	✓	✓	✓
7月12日	Orange(men's) Day 奥尔兰治日			✓
8月第一个星期一	Summer Bank Holiday 夏季银行假日		✓	
8月最后一个星期一	Summer Bank Holiday 夏季银行假日	✓		✓
11月30日	St Andrew's Day 圣安德鲁日		✓	
12月25日	Christmas Day 圣诞节	✓	✓	✓
12月26日	Boxing Day 节礼日	✓	✓	✓

银行假日与其他庆祝日传统

New Year's Day 新年、元旦（1月1日）：

　　一年伊始正是人们信誓旦旦许下新年愿望（make their "new year resolutions"）的时候，例如设定在新的一年中想达到的目标。这些常常包括减肥、健身、少喝酒以及戒烟。不过这些坚定的决心好像都会随着新年光辉的逐渐消失在一月末就被遗忘了。在没有多少新闻可报道的新年期间，报刊杂志都会为刚刚过去的一年作一番回顾，打一个总结：列出一年中最畅销的图书、最卖座的电影、最热门的新闻等等。这好像是全世界媒体的通病吧，我们在中国也有许多类似的回顾节目。在英国某些地方，一些耐寒的勇士们还有在1月1日这天露天游泳的传统，真是不顾严寒迎接新年的到来。

Burns Night 彭斯之夜（1月25日，苏格兰）：

　　不仅在苏格兰，人们会举行纪念苏格兰民族诗人罗伯特·彭斯的年度庆祝活动，全世界的苏格兰人都会庆祝1月25日这一天。该节日以盛宴、苏格兰传统音乐舞蹈夜（ceilidhs）为特色。你也可以把它当作是一年中大家享受苏格兰"国菜"——哈吉斯（haggis）的时刻。

©iStockphoto.com/Duncan Walker

Pancake Day 薄饼日:

也就是星期二忏悔日,是复活节前基督教徒封斋期开始的前一天,其具体日期取决于特定某年复活节的日期。这曾是解决掉复活节禁食期开始前家里食柜剩余丰盛食物的好机会。

St Patrick's Day 圣帕德里克日(3月17日,北爱尔兰以及爱尔兰共和国):

圣帕德里克是一名爱尔兰圣徒。3月17日是北爱尔兰和爱尔兰共和国的公众假日。这一天人们用音乐会、游行还有烟花来庆祝所有属于爱尔兰民族的一切。

Red Nose Day 红鼻日:

由慈善机构Comic Relief每两年组织的一次募捐活动。这个募捐活动从1988年开始,已为英国和非洲许多有益事业筹集到大量的资金。从电视名人到学校孩童,成千上万的人都通过做傻事来尽可能地增加善款。这个名字来源于象征参与募捐的红色塑料鼻子(看上去像是马戏团小丑表演时配戴的假鼻子,所以要模仿小丑做傻事)。

Easter 复活节:

庆祝耶稣基督由死复生的基督教节日。其日期不是固定的——为每年春分月圆之后第一个星期日,这意味着它有可能是3月末到4月末之间的任何一个星期日。除了该节日的宗教元素,孩

©iStockphoto.com/Johnny Lye

银行假日及其他庆祝日

银行假日及其他庆祝日

子们则殷切盼望可以得到复活节巧克力蛋。这个可是店家们绝不会错过的、大赚一笔的好东西,他们往往才把圣诞节的装饰品取下来,就纷纷摆出了五颜六色的复活节彩蛋来吸引孩子们的目光(复活节巧克力蛋一般都由各种各样的彩色纸包装)。

April Fool's Day 愚人节(4月1日):

这一天人们可以互相搞恶作剧、开玩笑。一些作弄人的故事会刊登在报纸上,也曾被电视新闻节目报道过。一个著名的例子就是在1957年,英国BBC广播公司的新闻节目报道了一则暖冬使瑞士农民获得了意大利面庄稼大丰收的新闻,并且还配上了人们从树上收割成捆成捆的意大利面的连续镜头。显然,BBC接到了太多的咨询,人们都热切希望自己能种上意大利面条树⋯

Queen's birthday 女王生日:

女王殿下(或者某在位统治的君主)有两个生日:她实际出生的生日和官方的生日。官方的生日可以是6月里前3个星期六中的任何一个。这一天并不是公众假日,但都有皇家卫队游行为女王庆祝生日。

12 July 7月12日(北爱尔兰):

这一天是庆祝1690年新教国王威廉·奥兰治打败天主教国王詹姆士二世取得波尼战争的胜利。其特点是遍布北爱尔兰的新教会成员的大规模游行。

Halloween 万圣节前夕(10月31日):

在这一天,孩子们会穿上奇装异服拜访街坊邻居,对他们说"是请吃糖,还是想遭殃"。通常孩子们会为邻居们唱歌或者讲笑话,以此换回一些诸

如糖果之类的东西。按照传统,芜菁会被雕刻成吓人的脸孔形状,再放入蜡烛点燃,一闪一闪地。现在英国则是越来越流行美国那种雕刻南瓜的习俗。

Bonfire Night
篝火之夜(11月5日):

1605年,盖伊·福克斯和其他阴谋者企图炸毁议会的阴谋被挫败。于是人们点燃篝火,把盖伊人偶模型放在上面,并燃放烟火来庆祝胜利。

篝火之夜挥舞sparkler(烟花棒)

St Andrew's Day 圣安德鲁日(11月30日):

圣安德鲁是苏格兰国家圣徒。圣安德鲁日最近已被苏格兰政府定为苏格兰的公众假日。

Christmas Day 圣诞节（12月25日）：

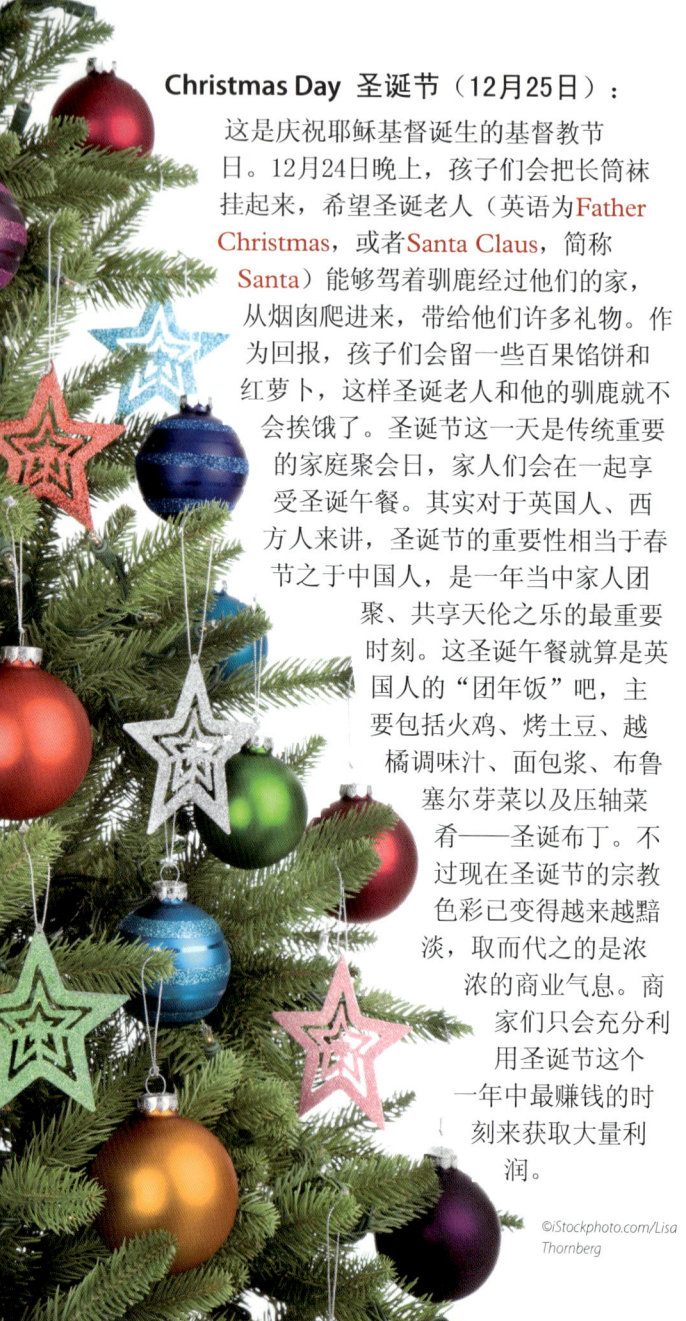

这是庆祝耶稣基督诞生的基督教节日。12月24日晚上，孩子们会把长筒袜挂起来，希望圣诞老人（英语为 Father Christmas，或者 Santa Claus，简称 Santa）能够驾着驯鹿经过他们的家，从烟囱爬进来，带给他们许多礼物。作为回报，孩子们会留一些百果馅饼和红萝卜，这样圣诞老人和他的驯鹿就不会挨饿了。圣诞节这一天是传统重要的家庭聚会日，家人们会在一起享受圣诞午餐。其实对于英国人、西方人来讲，圣诞节的重要性相当于春节之于中国人，是一年当中家人团聚、共享天伦之乐的最重要时刻。这圣诞午餐就算是英国人的"团年饭"吧，主要包括火鸡、烤土豆、越橘调味汁、面包浆、布鲁塞尔芽菜以及压轴菜肴——圣诞布丁。不过现在圣诞节的宗教色彩已变得越来越黯淡，取而代之的是浓浓的商业气息。商家们只会充分利用圣诞节这个一年中最赚钱的时刻来获取大量利润。

©iStockphoto.com/Lisa Thornberg

银行假日及其他庆祝日

Boxing Day 节礼日（12月26日）：

节礼日是圣诞节的第二天，是根据给送货员（送牛奶的人，送杂货的男孩等等）送圣诞礼盒（a Christmas box）、送礼物的传统习俗而命名的。现在节礼日成了人们节后再次出门购物或者收看重播电视节目的一天。

New Year's Eve 新年除夕（12月31日）：

在苏格兰除夕叫Hogmanay。英国人只有一个除夕，不像我们中国有公历新年的除夕和农历新年的除夕。过农历新年除夕，我们都选择与家人团聚，吃团年饭。英国人过除夕时，则更喜欢外出与其他许多人聚在一起，热热闹闹地迎接新年的到来，这倒是类似我们中国过公历新年的方式。尽管这一天不是公众假日，但是英国上班族们都愿意提前下班去参加晚间期盼新年的活动。除了亲朋好友一起组织的非正式聚会以外，许多镇和城市还会举行官方的迎新活动。很多人聚集在街头，与乐队一起载歌载舞，饮酒庆祝，午夜时分还能欣赏烟火表演。比如，每年在伦敦特拉法尔加广场参加迎新活动的人数都是一两万，好不热闹。在苏格兰则是"ceilidhs"，除夕之夜也成了苏格兰传统音乐与舞蹈之夜。

第19章 要做和不要做

这里，我们为你列出了在英国哪些事要做、哪些事不要做的清单。我们衷心希望你在英国能够平安、愉快，不要遇上太多麻烦。

不要把包扔在一旁没人看管，即使是很短的时间。有两个原因。第一：你的包有可能会被偷。第二：如果是在火车、车站、机场，你可能还会引起安全警戒。在英国，没人看管的行李被看作是一种安全威胁：因为包里可能装有炸弹（不过你当然可以把包放在火车车厢尾部的行李架上）。

不要把手机放在桌上不管，除非你很熟悉你周围的人。手机真的很容易被偷。

要小心点，如果有不认识的人突然就对你非常热情友好，他们可能不安什么好心。

不要理睬那些因为你是中国人就对你大声叫喊或者表现粗鲁的人。这并不代表所有英国人的行为，大多数英国人只会谴责这样的事。

要 记住,过马路时往右看。

要 记住,如果你开车或者骑自行车,在环形转盘交叉路口,从右方开来的车有优先通过权。因此,你要等所有从右方开来的车全部经过后再驶入环形路口。

要 在持有驾照和保险的情况下买车。要是没有驾照和保险,你根本就不能开车。如果你违反规定开车,只会受到警察的罚款处罚。如果你是使用中国驾照,你必须持有该证件的英语翻译证明文件。要想取得英国驾照(为避免所有麻烦),你首先要在英国通过驾驶考试。

不要 等工作人员过来给你加汽油。你会等很久很久!英国加油站工作人员现在几乎都不负责给顾客加汽油了。

要立刻检查别人找你的零钱,特别你是用较大面值的英镑买东西时。例如,你给别人一张20英镑的纸币,最好的办法就是说清楚:"Here's £20。"(有人可能会把它当作是10英镑来找你钱)。

不要告诉任何人你(银行卡)的PIN(个人身份识别号)。

要寻求帮助,如果你遇到问题。

不要把英格兰、威尔士、苏格兰或北爱尔兰搞混了。

要为走在你后面的人扶住门。

不要插队。

不要问刚认识的人他们的年龄或者收入。在英国,这些都不是一般谈论的话题,除非你是和非常熟悉的人聊天。

不要以为男士理发的费用包括了洗发水和洗发服务。

不要以为去看电影会给你一张标明座位的电影票。你想坐哪儿就坐哪儿(你付了钱就可以享受)。

不要按1，如果你想坐电梯去地面层的话。G 表示地面层（相当于我们中国的一楼）。1 是指英国的第一层，即地面层上面的一层（相当于我们中国的2楼）。

不要感到意外，如果你和你同性的朋友手牵手走在一起时英国人盯着你们看。因为英国人是一般不会像那样牵手的。

不要试着讨价还价（可能除了一些二手商店或者市场以外）。英国很少有这种习惯。

Travelmates
旅行伴侣

你现在到了英国,或许你也计划到其他的欧洲著名城市比如巴黎、柏林、罗马和巴塞罗那观光?带上Travelmate,教你说几句法语、德语、意大利语、西班牙语等等,给你的旅游增添乐趣。

the *very* **English** Travelmate

你已经会讲很流利的英语,这很不错。不过你有时也会被一些英国人特殊的文化现象、成语、俗语俚语、地名人名弄糊涂吧?The Very English Travelmate 帮组你理解本地语言,提升你的英语到新的水平!

The Chinese Classroom

如果你是到英国来教中文，或者考虑教一点中文，建议你看一看Chinese Classroom系列，此书适合母语是英语的中文学生。

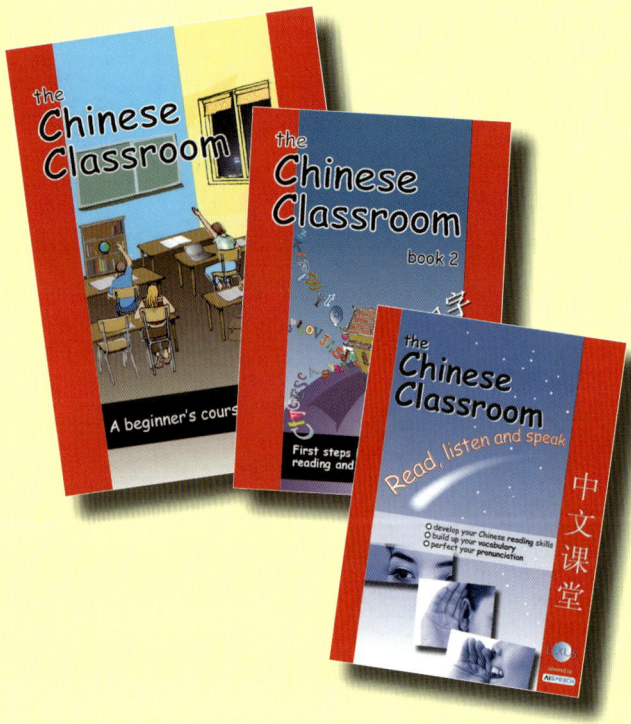

www.lexusforlanguages.co.uk